POLYARCHIE

OV
DE LA DOMINATION

TYRANNIQVE, ET DE L'AVCTORITE'
DE COMMANDER, VSVRPEE PAR PLVSIEVRS
pendant les troubles.

EN FORME DE REMONSTRANCE
au Tres-Chrestien HENRY IIII. *Roy*
de France & de Nauarre.

Où sont representées les miseres de la Prouince de Bretagne,
la cause d'icelles, & le remede que sa Majesté y a
apporté par le moyen de la Paix.

Par le Sieur de la GREE BELORDEAV, *Aduocat*
au Parlement de Bretagne.

Seconde Edition, reueuë, changee, & augmentee.

A PARIS,

Chez NICOLAS BVON, ruë S. Iacques, à l'enseigne
de S. Claude, & de l'Homme Sauuage.

M. DCXVII.

AVEC PRIVILEGE DV ROY.

POLYARCHIE

OV

DE LA DOMINATION TYRANNIQVE

DE PLVSIEVRS, ET DE L'AVCTORITÉ
de commander par eux vſurpée
pendant les troubles.

Au Tres-Chreſtien HENRY IIII. *Roy
de France & de Nauarre.*

SIRE,

Nous vous recognoiſſons pour noſtre
Souuerain Roy, ordonné de Dieu, qui eſt
le Roy des Roys, le Dominateur de l'Vniuers, l'Aucteur de la vie, & le Moderateur
de toutes choſes, pour nous commander, regir & gouuerner en pieté & iuſtice. Nous recognoiſſons auſſi que la loy
de ce grãd Dieu qui oblige vn chacun, & qui opere toutes
choſes par ſa ſaincte volonté, & qui les maintient & conſerue par ſa iuſtice & miſericorde, nous commande & enjoinct d'honnorer ceux qu'il nous donne pour nous commander, auecques aſſeurance d'vne benediction à ceux qui
leur rendront obeiſſance. Les anciens meſmes en l'obſcurité de leurs tenebres, & aux nuages de leur idolatrie, n'ont
pas ignoré ceſte loy de reſpect, quand ils ont dict, que du
mariage de Iupiter auecques la Deeſſe Peitarchie, eſtoit
née la Felicité & la Beatitude : voulant donner à entendre
par ceſte Deeſſe Peitarchie, l'honneur & l'obeiſſance que

A ij

les fideles subiects doiuent à leur Prince souuerain, & de laquelle depend entierement le bon heur & la felicité des peuples, des natiõs, des Royaumes & des Monarchies. C'est volontiers ce que l'on vouloit dire, que *imperare & parere imperio ars erat omnium pulcherrima, cùm hæ duæ res à ciuilibus excludunt seditiones & tuentur concordiam.* Et de vray il n'y a que l'obeissance qui rende les Empires & les cõmandemés faciles à supporter. Mais il faut aussi dire auecques Curtius parlant de son Alexandre, & de ses subiects, que *nunquam erranti bonus animus obsequium accommodat.* Les Royaumes & les Empires viennent de Dieu. C'est luy qui les ordonne, qui les establist, & qui faict regner les Roys : c'est luy & par luy qu'ils sont mis & constituez pour rendre la iustice aux peuples, & pour maintenir vn chacun en paix, leur ayant baillé & conferé vn petit eschantillon de sa toute puissance & de sa iustice, pour assubiectir à ceste obeissance ceux qui se voudroient eslongner de leur deuoir. *Obedientia ciuium, fælicitas est vrbis,* disoit autresfois Xenophon : & Stobee, *nullum est maius malum quàm inobedientia.* Et à la verité vn anciẽ Philosophe est contrainct de confesser, que *nulla vi verborum, nulla ingenij facultate exprimi potest, quãtũ opus sit laudabile, posse hoc dicere semper; Parui; Cessi imperio,* & adiouste mesme ces mots pour exaggerer la loüange du debuoir, & de l'obeissance, *siue æquum, siue iniquum, semper obsequentem & submissum me præbui.* Ce n'est pas au subiect, disoit ce grãd Chevalier Romain à Tibere, à mesurer la grãdeur, le merite & la volõté d'vn Monarque, *nostrũ non est æstimare quẽ supra cæteros & quibus de causis extollas, tibi summũ imperium & rerum iudicium, nobis autem obsequij gloria relicta est.* Et c'est pour l'agrandissement de ceux que les Princes souuerains cherissent & affectent. *Ad Cæsarem potestas omnium pertinet,* disoit Seneque, *ad singulos autem rerum proprietas.* C'est à ceux qui sont ordonnez de Dieu, & qui representent son portraict & son image animee. Ioseph fut pris dans la prison, & Dauid en la bergerie pour commander : cela ne fut point par vn hasard, ny par la faueur des hommes, mais par la grace du tout puissant, lequel pour ne nous esbloüir des penetrans rayons de sa diuinité, n'a pas voulu establir icy bas le trosne de sa puissance, mais seulement nous faire voir quelque petit esclat, de la splendeur incomprehensible de sa Majesté, par la representation d'vn soleil au ciel, & d'vn Prince en chaque Republique, auquel il communique mesme son Sainct nõ, & le beau titre de sa Diuinité:*Dÿ estis*,disoit le Sage,parlant aux Roys & aux Monarques,*& filÿ excelsi*. Les anciés, & entre les autres,les Perses adoroiét leurs Roys,comme Dieux, *maiestatem imperÿ,salutis tutelam esse opinabantur*.C'estoit afin que les peuples recognoissans en eux quelque chose de sainct,de venerable, & plus qu'humain,les eussent aussi hõnorez & venerez,non point par vne necessité politique,qui conuie toutes nations , & qui les dispose à l'obeissance de leurs superieurs, mais pour complaire à Dieu seul, aucteur, amateur, & protecteur de la dignité des Roys, qui sont ses oincts sacrez,ses bien-aymez, enuoyez & deleguez par luy, pour nous representer icy bas vn petit traict ou eschantil'on de sa bonté,de sa maiesté & puissance.C'est pourquoy Homere,que Pline appelle Prince des entendemens , donnoit aux Roys deux Noms & Epitetes, les nommant quelquesfois *Diogees*,qui signifie estre de la race & generation de Iupiter , & quelquesfois les appellant de mot *Diotrephes* , qui est autant à dire, comme nourris de la famille de Iupiter. S. Augustin passe bien plus outre,quand il dict, *non caret regia potestate,qui corpori suo nouit rationabiliter imperare , verè enim dominator est terræ, qui carnem suam regit legibus disciplinæ.* Il faut recognoistre auecques vn des anciens Sages de la Grece, que les vertus qui reluisent en vn bon Prince,sont autãt d'œuures de Dieu, & qui luy sont departies & cõctroyces de sa main liberale,pour seruir d'exemple aux peuples,& pour la conduite d'iceux.

> *Regis ad exemplum,nec sic inflectere sensus*
> *Humanos edicta valent , quàm vita regentis.*
> *Mobile mutatur semper cum principe vulgus.*

Il faut, disoit le mesme Sage, *Principem etiam moribus imperium docere* : & encores sur le mesme subiect, que le Prince est vne loy viue,vne équité, vne vnion & concorde , *Seditiones & iniquitatem arcens, animo in subditos paterno*, Quand l'on méprise doncques ceste diuine loy de respect, & que

l'on manque au deuoir & obeissance que l'on doit rendre à
son Prince souuerain, c'est bien contreuenir à la volonté de
Dieu, qui l'a commandé & enioinct : car comme dit l'Apostre en sa premiere Canonique, *Subiecti sumus creaturæ prop-*
ter Deum, & Regi quasi præcellēti, & Duci tanquam ab eo miſsis ad
vindictam malefactorum, laudem vero bonorum. Auſsi Xeno-
phō en l'Institutiō de son Prince, l'aduertiſsoit d'vne chose,
vt subditos præcederet nō dolo & ocio , sed prouidētia & induſtria.
Le bon Prince est ordonné, comme disoit Pytagore, *Non vt*
lædat sed vt iuuet. Et Stobee, *Quemadmodum sol non expectat*
preces vt exoriatur, sed illicò fulget, ita nec expectauerit Princeps,
plausus, laudes, strepitus vt benefaciat, sed sponte conferat beneficia
& æquè ac sol amabitur. Le Prince est l'ame de la Republique, c'est le ferme & estroict lien, qui la retient, c'est la base
qui la souſtient, & la ferme colomne qui la maintient. C'est
l'esprit de vie, *quem tot hominum millia trahunt nihil ipsa per se*
futura, nisi onus & præda, si mens illa imperÿ subtrahatur. C'est
l'ancre sacré, & le gouuernal, qui raſseure ce vaiſseau bran-
lant de Republique, & qui empesche qu'il ne soit emporté
par les vents, par les orages, & par les tempestes, comme le
nauire sans Pilote. Le Prince ne doit pas seulement porter
le nom de Roy, mais auſsi de Patron, & seruir d'exemple de
bien faire à ses subiects. *Regis ad exemplum totus componitur or-*
bis. Le Poëte Ouide disoit à ce propos,
Ad te oculos auresque trahis tua facta notamus
Nec vos miſsa poteſt principis ore regi.
Homere disoit qu'Achille auoit tousiours prés de soy la
Deeſse Pallas, c'est à dire la Prudence, & la sageſse , sans laquelle les Grands sont indignes de commander aux autres:
ceste vertu estoit neceſsaire pour moderer & attiedir la fer-
ueur de son courage, pour retenir son couroux, & pour conduire ses actiōs par la raison. Ceste Deeſse a esté pour ceste
occasion repreſentee par les Philosophes, par les Poëtes, &
par les Phisiologicques, en la façon d'vne guerriere, pour
demonſtrer qu'elle deuoit auoir le maniement & la conduite des affaires en temps de paix & de guerre : C'estoit à elle
que les villes, les chasteaux & fortereſses estoient dediez,
pour faire entendre qu'il n'y a rien plus redoutable que le

Prince, qui a la Prudéce auec luy, & qui ne s'eslongne point
de la raison, & des vertus qui sont bien seantes, voire tres-
necessaires à sa grandeur, comme sont la Pieté & la Iustice,
qu'il doit tousiours porter sur le front, comme les plus riches, & plus rares & precieuses pieces de son Diademe, &
sans lesquelles il ne peut heureusement regner, car comme
disoit vn ancien Poëte,

> *Vbi non est pudor*
> *Nec cura iuris, sanctitas, pietas, fides*
> *Instabile regnum est.*

Et vn autre aduertissant les Roys, de penser à eux, & de ne
faire gloire pour estre esleuz en honneur & en biens par
dessus les autres:

> *Rex sis licet, mortalis audias tamen*
> *Si grande despuis, tibi pituita inest.*
> *Pulchrosne pannos indueris hos ante*
> *Ouicula tulerat. At es auro splendidior*
> *Fortuna in istum te extulit gradum.*
> *Es dines, id iniqua est potentia temporis.*
> *Et insolens, fremere te facit amentia.*
> *At es modestus, hoc Deûm munus puta,*
> *Modestia autem vera tunc erit tibi*
> *Si metiare te pede ac modulo tuo.*

Le Sage Roy aduoüe tousiours tenir de Dieu immmedia-
tement son sceptre & sa couronne, il recognoist que c'est
par sa grace & faueur, & que sans icelle il ne peut longuement regner: c'est Dieu qui arrache des mains les sceptres
de ceux qui se rendent indignes de les porter. Nabuchodo-
donosor Roy des Assiriens fut priué de son Royaume, pour
auoir ruiné le temple de Dieu ? Son fils Balthasar, pour
auoir pris & volé les vaisseaux côsacrez au seruice de Dieu,
ne regna pas long temps, son Royaume ayant esté aussi tost
transferé aux Medes, & sa puissance, & sa Monarchie bail-
lee à Darius. Athallia pensant auoir exterminé tous ceux
du sang Royal d'Ochesias, & estre bien asseuré du Royaume, par luy vsurpé contre la volonté de Dieu, qui tousiours
conserue la dignité des Roys legitimement establis, dépri-
me les superbes & presomptueux, & esleuc & côserue ceux

qui font iniuſtement opprimez, fut miſerablement tué, &
Ioas le legitime ſucceſſeur, fut diuinemét conſerué &ſacré
Roy, par le Pontife Ioïadas. C'eſt pour faire recognoiſtre
aux Monarques, qu'ils releuent leurs Empires immedia-
tement de Dieu. Le Poëte meſme Horace le recognoiſt
ainſi : encores qu'il ne fuſt eſclairé de la lumiere de la Foy,
quand il dit,

Regum timendorum in proprios greges
Reges, in ipſos imperium eſt Iouis.

Et à vray dire, ce ne ſont que les Lieutenans de Dieu en
terre, qui ne peuuent commander que ſous ſon auctorité,
c'eſt le Roy des Roys, c'eſt comme dit Platon en ſonTimee
le moderateur de toutes choſes, & Virgile en ſes Bucoli-
ques dit auſſi en ces vers.

————————*Deum namque ire per omnes*
Terras, tractatuſque maris cœlumque profundum.

Et Ciceron au liure de la Nature des Dieux, *Nec vero, inquit,*
Deus ipſe qui intelligitur à nobis, alio modo intelligi poteſt quàm
mens ſoluta & libera, omnia ſentiens & mouens. Nihil præſtantius
Deo, ab eo igitur mundum regi neceſſe eſt. C'eſt ce grand Dieu
qui a tiré les Enfans d'Iſraël de l'Egypte, auecques tant de
merueilles, & côtre la volonté d'vn Roy idolatre, *Iſraël di-*
mittitur, paſcha celebrat, Ægyptios ſpoliat, diues recedit: Pharao-
nem pœnitet, exercitum côtrahit, fugientes pertreuit, caſtris iungi-
tur, tenebris ſeparatur, ſiccatur pelagus. Iſraël graditur, officioſa
vndarum patientia liberatur, Pharao ſequitur, mare ſuper eum
voluitur, fluctu operiente deletur. Pour bien & heureuſement
regner, il faut eſtre ordonné de Dieu, faire ſa ſaincte volonté, & ſe rendre capable de commander auecques pieté &
iuſtice. Il eſt bien raiſonnable, voire tref-neceſſaire, comme
diſoit Pindare, qu'vn Roy ſoit eminent en vertu, & doüé
de plus rares perfections que ſes ſubiects, *virtute eminere pri-*
mum eſt præmium præclari nominis. Sainct Baſile diſoit auſſi,
honeſtum ſanè & æquum, eſt vt ſemper deteriores à præſtantiore
gubernentur, ſæpè enim temeritas populi ad improbos homines prin-
cipatum detulit, proinde neceſſe eſt, eos aliorum conſtituere duces,
qui cæteros omnes, prudentia, præſtantia, ac vita ſanctimonia lon-
gè antecellant, ac virtutes quibus præditi ſunt communes ſiant eo-
rum

rum qui eos imitantur. Il en rend vne fort bonne raiſon, *nam,
inquit, ad mores eorum qui gubernacula tenent, ſolent componere
ſeſe qui parent :* & tout ainſi que ſi pluſieurs Peintres vouloient repreſenter le portraict de quelqu'vn, toutes leurs
peinctures pourroient auoir quelque reſſemblance entre
elles, comme tirees d'vn meſme exemplaire : *Sic etiam multi
mores ſi ad vnius imaginem & imitationem, in omnibus æquè bonis, vitæ caracter illiceſcet.* Et au contraire quand vn Prince
eſt vicieux, ſes ſubiects ſe rendent ordinairement ſembla-
bles à luy par imitation : c'eſt ce que vouloit dire ce grand
Gregoire de Nazienze, *neque pannus tincturam ita facilè con-
trahit, velis qui fœtido aut ſuaui odori propius ſe adiunxerit eius
particeps ſit, vel ſubditi Præfectorum vitio celerrimè imbui atque
multò facilius quàm virtute.* Pline diſoit auſſi à ce propos, en
l'vne de ſes Epiſtres, *Vt in corporibus, ſic in imperio grauiſſimus
eſt morbus, qui à capite diffunditur.* On void neantmoins en
l'Hiſtoire Romaine que quelques Empereurs ont puny
ſeuerement ceux qui penſoient les imiter en quelque vice.
*Auguſtus cum eſſet luxuriæ ſeruiens, erat tamen huius vitÿ ſeue-
rus vltor, more hominum qui in vlciſcendis vitÿs quibus ipſi vehe-
menter indulgent, acres ſunt, & ideò Ouidium damnauit exilio,
quod libros amatoriæ Artis conſcripſerat.* Il eſt doncques neceſſaire que le Prince ſoit vertueux qui repreſente l'image de
Dieu, & qui doit ſeruir de reigle & de patron au peuple, *rex
ſi velit boneſta, nemo non eadem volet,* diſoit le Poëte Tragique
in Thieſte. Il doit rayonner par ſes vertus, & exceller en pro-
bité par deſſus les autres, côme vn Soleil entre les eſtoiles.
Decorum eſt, diſoit Xenophon, *vt probitate emineat, qui digni-
tate. Cyrum audio lubens qui non cenſebat cuiquam conuenire imperium, qui nõ eſſet melior his, quibus imperaret,* c'eſt comme l'a-
me qui doit regir & gouuerner le corps, & comme la raiſon
qui doit commander aux ſens, aux appetits & aux deſrei-
glées paſſions. Et c'eſt à peu pres ce que veut dire le Poëte,

　　*Qui rectè faciet non qui dominatur
　　Erit rex.*　　　Vn autre diſoit encores à ce propos.

　　――――― *At pueri ludentes rex eris aiunt
Si rectè facies: hic murus aheneus eſto
Nil conſcire ſibi nulla palleſcere culpa.*

　　　　　　　　　　B

Et à la verité l'on peut bien dire ce que l'on difoit autresfois d'vn grand Empereur,

Nullus honor fiquidem populi vel gloria maior
Quàm Domino feruare pio.

La vertu faict honnorer le Prince, le vice le faict mefprifer,
& le mefpris eft fouuent caufe de la defobeiffance, & exci-
dent par vn mefcontentemét des rebellions. *Omnes quidem*
pari forte nafcimur fola virtute diftinguimur. C'eft doncques
vn affeuré moyen pour eftre obey, d'eftre vertueux. Sans la
vertu, le Prince n'a que le nom fans l'auctorité & la puiffance, comme eftoient autresfois ceux de Lacedemone, que
l'on efleuoit à telles dignitez par les fouffrages du peuple,
Imperitia populi fæpenumerò, citra delectum in Magiftratum pro-
mouet, difoit S. Bafile : & de ceux là l'on, difoit, ainfi que
rapporte Probus *in Agefilao,* que *duos femper habebãt Reges no-*
mine magis quàm imperio, ex duabus familijs Procli & Euriftenis,
qui principes ex progeniè Herculis & Reges Spartæ fuerant. Les
fages Roys ont toufiours aduoüé & recogneu tenir de la
grace & faueur de Dieu leurs Empires, & le proteftent fouuent par leurs Lettres patentes, & en tous leurs actes plus
remarquables : ils ne font qu'vfufruictiers, ou pour mieux
dire, que depofitaires des Monarchies, pour le tenir autant
de temps, que fa diuine bonté fe veut feruir d'eux, pour y
commander: ils ne font que vice-Roys, ordonnez pour ad-
miniftrer & rendre la iuftice aux peuples, pour faire garder
& obferuer fes diuines loix, & pour contenir vn chacun en
fon deuoir, & dans les bornes d'équité, & de droicture. C'eft
ce grand Dieu, qui de iour en iour examine leurs œuures,
qui fonde leurs volontez, qui penetre l'interieur de leurs
penfees, & qui tient leurs cœurs en fa main, & en fa puiffance, & qui les difpofe fouuent felon le merite des fubiects. Si
eftant miniftres de fon regne qui eft éternel, ils n'auoiét pas
gardé la iuftice, s'ils n'auoient pas cheminé droictement, &
fils auoient manqué en la charge qu'il leur a deleguee: il les
puniroit, cõme dit le Sage, auecques rigueur, & à leur grãde
confufion, faifant aux fimples mifericorde. C'eft à la verité
l'importance de telles charges, la confequence de tels Empires & gouuernemens, & la pefanteur de leurs Diadefmes,

& les beaux fleurons de leurs couronnes : cela les doit bien
faire entrer en la cognoiſſance d’eux-meſmes , & les rendre
ſoucieux du compte qu’ils doiuent rendre à ce grand Dieu,
puis qu’il ſeſt trouué des Monarques qui ont deſdaigné
tels honneurs & dignitez , & comme foulé au pied par vn
meſpris telles grandeurs, les recognoiſſans ſubiectes à beaucoup d’inconueniens & de deſaſtres , & c’eſt volontiers ce
que vouloit dire le Poëte en ces vers,

Diſtrictus enſis cui ſuper impia
Ceruice pendet, non. Siculæ dapes
Dulcem elaborarunt ſoporem,
Non aurum cithareque cantus
Sumnum reducens.

La iuſtice premieremēt eſt commādée aux Roys , & à tous
ceux qui peuuent commander , c’eſt la premiere loy de leur
eſtabliſſement, & la fondamentale de leurs Empires, apres
la pieté qui leur eſt auſſi enioincte, l’vne & l’autre eſtant cō-
me remedes ſouuerains & treſ-neceſſaires pour guarir les
maladies & infirmitez , dont les Republiques ſont ſouuent
miſerablement atteinctes. C’eſt pour la conſideration de la
iuſtice que les Roys ſont ordonnez , & pour contenir les
peuples en vnion, & en paix, & chacun en ſon deuoir.

Hoc vno reges olim ſunt ſine creati
Dicere ius læſis, iniuſta tollere facta.

Si on penſoit que les Roys fuſſent eſleuez à ceſte dignité
eminente, pour paroiſtre par deſſus les autres , & pour faire
demonſtration de leur grandeur, & pour y viure à leur aiſe
& à repos , on ſe tromperoit, car ceſte pompe exterieure, &
ceſte magnificence n’eſt que pour aſſubiectir les peuples à
leur deuoir, & pour les rendre plus prompts à honnorer &
reſpecter ceux qui leur commandent. Quelques vns ont eu
autresfois ceſte croyance que telles parades , & que tous
ces ornemens exterieurs de robes de pourpre, de Sceptres,
de Couronnes & de Diadeſmes , deuoient imprimer & ca-
racterer aux cœurs de ceux qui les regardoiēt, vne opinion
qu’ils eſtoiēt plus que les autres hōmes. Mais ils ne cōſide-
roient pas que la naiſſance d’vn chacun eſt ſemblable , &
qu’il n’y a difference entre les hommes, que par la vertu, qui

reluist plus aux vns qu'aux autres. La pieté, & la iustice, la
prudence, & la clemence, sont les veritables ornemens des
Roys, c'est ce qui les faict regner, & qui les faict distinguer
des puissances tyrãniques. *Sic Rex à Tyranno differt*, disoit S.
Basile, *quod hic sua tantum quomodocumque & vndecúmq; respi-
ciat ac tuetur, ille verò suis subditis consulere studet.* Les bons
Princes ne pensent pas qu'ils soient esleuez en telles dignitez, pour paroistre par dessus les autres, comme vn Soleil sur
les estoiles : ce n'est pas pour contenter leurs esprits desireux de grandeur, & comme enyurez de magnificence exterieure: mais pour prendre le soing du peuple, pour en prẽ-
dre la conduitte, & pour le regir & gouuerner, non à la rigueur, comme le maistre ses esclaues, mais par la douceur,
comme vn bon Pere ses enfans, & vn Pasteur ses brebis. Vn
ancien parlant de la bien-veillance du peuple enuers son
Prince souuerain, duquel il doit desirer la conseruation, *neque arma, neque subditorum multitudo quidquam sine eorum beneuolentia cõducere potest, quinimò hæc ipsa si fides absit, tanto minus tuta, quanta sunt plura.* Celuy qui se fait craindre est ordinairement hay, *quem metuunt oderunt.* Quand les anciens appelloient Iupiter pere des Dieux & des hommes, c'estoit
pour faire recognoistre sa doulceur & sa clemence, & pour
demonstrer aussi que tout Empire & Gouuernement, se deuoit reigler & conformer à celuy du Ciel, auquel l'on void
vne domination & vne puissance proportionnee à celle
du pere sur les enfans. *Gratius est nomen pietatis*, disoit Tertulian, *in Apologet. quam potestatis.* Et Seneque disoit aussi à ce
propos, *Rex in ciuitate, quasi pater familias, qui liberos, nepotes,
& familiam totam, magna complectitur beneuolentia.* Et Socrate
parlant du deuoir des Róys & des Monarques, *Rex inquit
eligitur non vt se moliter curet, sed vt per ipsum hi qui elegerunt,
bene beatéque agant.* Le mesme Philosophe Senecque addres-
sant sa parole aux Roys, disoit en ces termes, *scias quisquis hoc
nomine Regis gloriaris, nõ seruitutem sed tutelam tibi traditam esse, nec Rẽpublicã tuã esse, sed te Reipublicæ.* Et le Poëte Claudiã.

Tu ciuem patriamque geras, tu consule cunctis.
Non tibi nec tuâ te moueant, sed publica
Damnã.

Homére voulant auſſi faire cognoiſtre de quelle affection
les Roys doiuent aymer leurs ſubiects, il les appelle ſouuent
du nom de Paſteurs, & dit qu'Agamemnon eſtoit Paſteur
du peuple, d'autant qu'il veilloit inceſſamment pour la
conſeruation d'iceluy. Le bon Paſteur a touſiours l'œil ſur
les troupeaux de ſa bergerie, autrement il ſe rend indigne
d'auoir le laict & la laine, comme diſoit Nazianzene, *Si non
paſcat oues & ſi non vigilet in cuſtodia gregis*. Il faut doncques
recognoiſtre auec vn ancien, que les Roys ſont donnez de
Dieu, *Ex Ioue ſunt Reges & à Ioue educati*, pour commander
& pour rendre la Iuſtice, & faire cheminer vn chacun en
équité & droicture. Mais nous recognoiſſons pour voſtre
particulier, S I R E, & le recognoiſſons ſans diſſimulation,
que rien ne vous manque des qualitez requiſes à vn Roy,
que la Prudence & la Sageſſe, la Valeur & la Clemence, &
tout ce qui peut rendre la grandeur d'vn Empire recommandable, vous accompagne, comme l'ombre ſuit le corps.
Cela eſt cogneu d'vn chacũ, & ne peut eſtre teu & diſſimu-
lé, puis que ceux que la rebelliõ a rendu ennemis de voſtre
Eſtat, ſont contraincts de le confeſſer. Et ce ſont vos rares
vertus, & vos ſingulieres perfectiõs, dignes d'vn grand Roy,
qui vous rendent redoutable par tout l'vniuers, & à ceux
qui n'ont reſſenty des effects de voſtre courage inuincible,
mais qui vous rendent par tout recommandable. Vn Che-
ualier Romain accuſé deuant l'Empereur Nerõ, n'eut point
de honte de luy dire, *Nec quiſquam tibi fidelior militum fuit
dum amari meruiſti, odiſſe cœpi, poſtquam paricida matris & vxo-
ris auriga, hiſtrio, & incendiarius extitiſti*. C'eſt pour faire recognoiſtre que ſi vous eſtes aymé, c'eſt pour vos vertus, comme ceſt Empereur odieux pour ſes vices. Ælian en ſon
Hiſtoire faict mention d'vn autre tyran, qu'il nomme Ce-
phalenie, qui fut ſi cruel & impie, *vt non vltra duo feſta ſuis
cõceſſerit, nec in vrbe plus decẽ diebus conuiuiũ agitare permiſit, &
omnes ante connubiũ virgines ipſe cognouit*. C'eſtoiét tous actes
d'vn treſ-meſchant tyran, qui ne peut iamais eſtre aymé. Le
Sage addreſſant ſa parole aux Roys & Princes de la terre
leur diſoit par forme de conſeil, qu'ils deuoient aymer la ſa-
pience, puis qu'ils prenoiét plaiſir à ſe ſeoir ſur le troſne des

Roys, afin de regner eternellement. La plus grande prudence qu'ils puissent auoir, c'est de se cognoistre soy-mesme, &
de considerer souuent la cause de leur creation & establis-
sement. La prudence leur est necessaire, puis qu'ils representent l'image de Dieu, qui est la sapience mesme, c'est l'esprit, côme disoit Pythagore, *Per omnes mundi partes commeãs
ac diffusus: Ex quo omnia quæ nascuntur animalia vitam capiunt.*
Si ce grand Dieu aucteur & Createur de toutes choses ne
gouuernoit par sa prouidence les affaires du monde, s'il en
negligeoit le soing, & particulierement des creatures rai-
sonnables, *cur ad cælum quotidie manus tendimus, cur orationi-
bus crebris misericordia eius quærimus? cur ad Ecclesiasticas domos
currimus? cur ante altare supplicamus? Nulla*, disoit Saluian, *nobis
esset ratio precandi, si spes tollitur impetrandi.* Le mesme disoit
que la volonté de Dieu estoit sa souueraine iustice. *Neque
enim ideo non iustum est, quod diuinitas agit, quia capere vim di-
uinæ iustitiæ homo nõ valet. Deus iußit Abrahamo vt terram suam
deserat, inquirat alienã, vocatur, sequitur adducitur collocatur: fit
de paupere locuples de ignoto potens, lætabatur prosperis, probatur
aduersis. Sequitur quippe labor, periculum, timor: vexatur commi-
gratione, fatigatur exilio, côtumelia afficitur, vxore priuatur: imo-
lari sibi Deus Filiũ iußit, Pater obtulit, rursum exilia, rursum me-
tus, Philistinorum inuidia, Abimelech rapina. Multa quidem mala, sed tamen paria solatia si à pluribus afficitur de omnibus vindi-
catur.* On peut doncques bien dire auecques le Sage, en ses
Prouerbes, *In omni loco oculi Domini contemplantur bonos & malos.* Et auecques le Prophete Royal Dauid, en son Pseaume
32. *Oculi Domini super timêtes eũ est* & au 33. *Oculi Domini super
iustos, & aures eius in preces eorũ.* Il dit encores, *Boni aspiciuntur
vt conseruentur, mali vt disperdantur. Plenus & iustitia & misericordia Dominus & pietati suæ multa donat per indulgentiam &
seueritati per disciplinam: & ideò præstitit disciplinæ vt proficeret
cunctorum emendationi pæna omnium noxiorum*, disoit Saluiã.
C'est pour apprendre aux Roys, & à ceux qui commandêt
aux autres, comment ils doiuent s'y comporter en leurs
charges & dignitez, *Deus diligit consilium & disciplinam*, en la
Sapience 12. *Cum sit iustus iustè omnia disponit*, en Hieremie
23. & 42. Ils doiuent faire le semblable, & comme ce grand

Dieu remplit le Ciel & la terre de sa sagesse incomprehēsi-
ble, les Roys à son imitation doiuent remplir leurs Empires
de vertus, & de belles perfections, afin de seruir de bon exē-
ple à leurs subiects, & pour les esclaircir & illuminer, cõme
vn autre soleil, par les rayons d'vne vie exemplaire, *optimi
principis est*, disoit Mœcenas à Auguste, *non modo ipse vt omnia
ex officio agat, verum vt qua ratione reliqui omnes quam optimi
fiant, perspiciat.* Le Roy prudent est l'appuy de son peuple, le
fondement, la baze, & le soustien de l'Estat d'vne Republique. Et c'est volontiers ce qui faisoit dire à Platon aux Liures de sa Republique, Que les Royaumes estoient heureux, quand les Roys philosophoient, ou que les Philosophes regnoient: comme s'il eust voulu dire que pour bien &
heureusement regner, il failloit aymer la vertu, & se comporter à la façon des Philosophes, qui sont amateurs de Sapience. Et à la verité cét ancien auoit bonne grace, qui cõ-
paroit les Roys aux precieux metaux, desquels on ne peut
recognoistre la valeur & le vray prix qu'à la pierre de touche, & au son. *Oportet inquit principem sicut argentum vel aurũ
probari, & ex omni parte circũspici atque in actibus cõtemplari, ne
quid forte habeat intra se malæ admixtionis vel materiæ vilioris
& raucum sonum admixtione æris vel plumbi respondeat.*

S'il faut aussi entrer en consideration des choses exterieures, qui ne sont toutesfois que marques exterieures de
vostre grandeur, l'on trouuera beaucoup de singularitez, &
remarquables proprietez, en vostre couronne & diademe,
& au riche blazon de vos armes, & à l'assemblage de choses
si pretieuses, cõme est le lys, l'or & l'azur, qui nous representent la felicité du ciel, & ce qui est de plus beau & plus rare
en terre. Ce beau lys tant suaue à l'odorat, & tant plaisant à
la veuë, est vne fleur cœleste, que ce grand Soleil de Iustice
a faict naistre, pour dissiper & aneantir toutes les dominations & puissances des Roys infideles, pour étouffer par sa
vertu le vice, & faire renaistre la pieté & la gloire de vos
ayeulx, remportee de tant d'heureuses cõquestes, faictes sur
leurs ennemis, & sur des peuples infideles & barbares, les-
quels enflez du vent incõstant de leurs ambitiõs dereglees,
pensoient aggrandir leurs puissances, & leurs Empires, non

point à la façon que conseilloit autresfois Theopompus, &
par bonnes & sainctes loix, & qui sont comme le souftien
& la baze des Monarchies: mais par la force des armes, que
l'on dit estre iournalieres, parce que l'euenement est souuét
douteux & incertain: c'est pourquoy Tacite, en la vie d'A-
gricola, difoit, *Iniquißima est bellorum cōditio, profpera omnes fi-*
bi vendicant, aduerfa vni imputantur. Le mesme autheur voulant encores monftrer cela plus clairement, difoit que l'hō-
me *Bis in bello peccare non poterat , nam aut perire necesse est, aut*
quod æquè apud omnes miferū est occidere. C'est ce beau Lys qui
fut mis par le conducteur du peuple de Dieu Moyfe fur le
chandelier dreffé au deuant de l'Arche d'alliāce & du San-
ctuaire, & qui feruoit de parement aux Chapiteaux des
colomnes du temple de Salomon, bafti à l'honneur de ce
grand Dieu.   C'est ce Lys de la vertu, & proprieté duquel
parlant Diofcoride, difoit que *ferpentum morfibus, lilia fubue-*
niunt, vulneribus opitulantur, & ad moliendos neruos valent plu-
rimùm. Tous ces beaux effects, & ces rares proprietez con-
uiennent fort bien à vos belles actions, car vous voulez &
defirez que la iuftice foit renduë à vn chacun, que les coul-
pables foient punis, les innocens conferuez, la paix, & l'v-
nion entretenuë, & que chacun ait ce qui luy appartient:
c'est le premier fleuron de voftre couronne, & l'vne des plus
belles vertus qui puiffe reluire en vn grād Roy, tel que vous
eftes, en faifant paroiftre par effect ce fainct defir que vous
auez, que la loy qui est l'œuure du Prince, foit eftroittemét
obferuee, & vos Ordonnances, *Finis Legis Chriftus est*, difoit
fainct Auguftin, *in quo lex iuftitiæ non confumitur fed impletur,*
omnis enim perfectio est in ipfo, vltra quē non est quo fe Spes, Fidei,
& Charitatis extendat. Il dit encores que *plenitudo legis est*
Charitas: quia per charitatem lex impletur , non per timorem , in
tantum enim fiunt mandata iuftitiæ in quantum adiuuat fpiritus
gratiæ. Vous auez tiré ce fainct defir du ciel dés voftre naif-
fance, auec voftre Empire, Dieu vous ayant faict naiftre &
pour commander, & pour donner la paix, & le repos à vos
fubiects: vous les auez trouuez oppreffez fouz la tyrānie de
plufieurs, qui ne refpiroient & procuroient que leur ruine,
auffi toft voftre Majefté f'est prefentee pour les foulager, &
pour

pour les tirer d'vne miserable seruitude, où la reuolte de
quelques vns, & leur rebellion les auoit forciblement
contrainéts & assubieétis.   La iustice que vous rendez aux
autres, vous la receuez pour vous mesme, & de ceux que
vous auez commis, & deputez pour vous secourir en ce
sainét & sacré ministere. Et encores que plusieurs Princes
souuerains se pensent exempts de la rigueur des loix, & cō-
me dit le Poëte,

————————————*pro lege voluntas*
Principis esse solet, & quidquid decreuerit ille
Esse ratum mos est, & iuris habere vigorem.
Si est-ce que vostre Majesté s'est tousiours soubmis, comme
vn autre Zalencus, à la rigueur des loix. C'est afin de conuier vos subieéts à faire le semblable, & à vous rēdre l'obeïs-
sance qu'ils vous doiuent. Et à la verité *digna vox est maie-*
state regnantis legibus alligatum se principem profiteri, disoient
les Empereurs Theodose & Valentinian : adioustans pour
vne raison digne de bons Princes, *de auctoritate iuris, nostra*
pendet auctoritas, & re vera maius imperio est submittere legibus
principatum. Platon en sa Republique diét que l'obeissance
aux loix, est l'vne des colomnes de l'Estat, des Empires, sans
laquelle ils ne peuuent pas long temps subsister. L'obeissance des subieéts est la fecilité, & le bon-heur des Royaumes, selon le dire de Xenophon.

   Et parere decet iussis & grata iubentur.
Gregoire Nazianzene, loüant ceste obeissance, disoit apres
l'Apostre S. Pierre en sa premiere canonique, *Ex legibus no-*
stris hæc vna admodum laudanda, & optimè per spiritum lata, vt
quemadmodum serui obtemperant dominis, vxores viris, Ecclesia
Domino, magistri discipul: ita etiam homines cuncti, potestatibus
sublimioribus sunt subditi, non solùm propter iram, sed propter con-
scientiam. C'est par l'obeissance que la Republique de Sparte a esté tant renommee, ayant remporté sur toutes les autres cest eloge d'honneur, d'auoir tousiours obey à ses superieurs. Pour ce subieét tous les autres peuples admirans &
desirans ceste belle vertu, qui retient les subieéts en leur deuoir, & en bōne paix auecques leur Prince, *obsequio mitigan-*
tur imperia, ils s'inuitoient les vns les autres à aller à Sparte

pour y faire leur apprentissage, & receuoir l'instructiõ à ceste belle vertu. Ceste obeissãce est venuë du Ciel, elle a esté
concluë & arrestee au consistoire éternel du Pere celeste:
elle a esté escripte & signee du sang innocent de son fils,
grauee & marquee du seau veritable de l'ardante charité
de son Esprit sainct, liee & affermie des attaches de nostre
religiõ, & portee par tout l'vniuers, sous les aisles sacrées de
l'Euangile. Solon l'vn des sept Sages de la Grece, interrogé
comment les Empires pourroient long temps se maintenir
en repos, & se maintenir en heur & felicité, fist vne response fort à propos & digne de luy, que ce seroit lors que les
subiects obeïroient aux Princes souuerains, & aux Magistrats, & tous ensemble aux loix, & aux Ordonnances du
pays. *Leges sunt honoribus potiores*, disoit Symmaque. C'est vne
chose digne de la Majesté mesme du Prince de se rendre
obeissant aux loix, *cum omnia possumus, sola credimus nobis lice-*
re laudanda. Xenophon disoit aussi parlant de ceste submis-
siõ & obeissance, *nullas opes viro, & præsertim principi pulchrio-*
res & honestiores esse iustitia. Car les Royaumes sans iustice &
sans obeissance ne sont autres choses que retraictes de diuision, les villes que refuge de libertins, les chasteaux & les
forteresses que nids de tyrans, d'où viennent les seditions &
les rebellions, & en fin la ruine des pauures subiects.

    Quidquid delirant reges plectuntur Achiui.

La iustice conserue vn chacun en obeissance, & l'obeissance le maintiét en son deuoir, *remota iustitia, quid aliud regna,*
quàm latrocinia, disoit Hesiode. Les anciens faisoient Asses-
seurs de Iupiter, l'Equité & la Iustice: mais ils disoienr qu'il
estoit la iustice mesme, parce que sans icelle les Roys ne
peuuent regner. C'est vne Vierge qui est venuë du Ciel, &
qui ne peut estre sans pudicité, sans simplicité. Les Poëtes
feignét que la malice des hommes luy a faict quicter la terre pour s'en retourner au Ciel.

    Victa iacet pietas & virgo cæde madentes,
    Vltima scelestum terras Astræa reliquit.
Iuuenal en sa sixiesme Satyre disoit aussi,
    Paulatim deinde ad superos Astræa recessit
    Hac comite, atque dua pariter fugére sorores.

La iustice est la fin de la loy: la loy est l'œuure du Prince, &
le Prince l'image de Dieu , qui regist & gouuerne tout.
Le Soleil au Ciel se laisse voir dans le miroüer à ceux
qui autrement ne le peuuent regarder. Le Prince est en
la Republique, & parmy les hommes, comme vne image
representant ceste diuinité, il doit tousiours estre accompagné de iustice & de droicte raison, pour seruir d'exemple
aux autres, *recte facere suos ciues faciendo docet.* Et comme le
Soleil, plus il est esleué en la partie Septentrionale, chemi-
ne plus lentement, & se remuë moins : tout de mesme les
Roys & Princes, plus ils sont esleuez en dignitez, & plus ils
sont respectez, ils doiuét moins faire paroistre leur puissance, & d'auantage reigler leurs actions, & les mesurer au niueau de la raison : tousiours l'équité les doit accompagner
& les suiure, sans iamais les abandóner, afin de ne rien faire
qui soit indigne d'eux, & de leur grandeur. C'est la diuine
loy qui doit estre grauee dans leurs cœurs, conseruee dans
leurs memoires, & effectuee à la descharge de leur conscié-
ce: loy que nature a prescript dés leur naissance, & qui a esté
infuse dans leurs ames, pour estre inuiolablement obseruee,
& à laquelle tous ceux qui ont desiré de regner heureusement, se sont tres-volontiers soubmis. Vn grãd Roy de Per-
se prenoit plaisir, puis qu'il l'auoit cómandé & enioinct, que
son Chambellan, luy feist souuenir tous les iours, & cóme
reueillé d'vn profond sommeil, où l'aise, le contentement &
les plaisirs ont de coustume de porter les Monarques &
Princes souuerains, qu'il estoit homme, & qu'il estoit ordó-
né pour donner ordre aux affaires, ausquelles Mesoromas-
des l'auoit constitué: c'estoit ce grand Dieu du Ciel & de la
terre, recognoissant par ce souuenir que les Roys sont mini-
stres de Dieu, commis & establis par luy, pour auoir soing
des hommes, & pour procurer le bien, le salut, & la conseruation d'iceux. Vn Archidamus interrogé & enquis des
moyens qui auoient si long temps conserué en paix la Republique de Sparte, ne respondit autre chose, sinon que les
loix auoient faict cela, & qu'elles auoient la souueraine domination, & commandoient absolument, & aucun ne se
dispensoit d'y obeyr, *In legibus salus ciuitatis posita est,* disoit

Ariſtote & Ciceron, *ius & æquitas vincula ſunt firmiſſima ciui-*
tatum. Au contraire ſi les loix ſont meſpriſees, ſi elles ſont
negligees & foulees aux pieds, & qu'elles ne puiſſent retenir les ſubiects en leur deuoir, les Republiques ne peuuent
pas longuement ſubſiſter. Et faut neceſſairement qu'elles
tombent en ruine, & en fin en vn eſtat miſerable où la confuſion les porte, & à vne ſubiection de leurs ennemis: car où
les loix n'ont point de vertu pour obliger les grãds, comme
les petits, il n'y a point de crainte & d'apprehenſion d'y cõ-
treuenir. S'il n'y a point de crainte de les offenſer, & le Prince, il ne peut pas y auoir de l'honneur & du reſpect: & tout
cela ceſſant, que reſte-il qu'vne déreglee licence de mal-
faire, qu'vn deſordre, qu'vne cõfuſiõ, qu'vn deſdaing, qu'vn
meſpris, qu'vne rebellion, qu'vne ligue, qu'vn malicieux
complot, qu'vne conſpiration contre l'Eſtat, contre le Prince, contre les Magiſtrats, & qu'vn preſage certain d'vne ruine prochaine, de l'euerſion d'vn Empire, & d'vne Monarchie. Souuent vn grand debordement d'eaux, cauſe la ruine de pluſieurs beaux vergers, & bien pluſtoſt que des ron-
ces & des eſpines: auſſi les deſordres qui ne ſe trouuent
que trop ſouuent aux gouuernemens, regardent pluſtoſt le
definiſſemét des grandes Monarchies que des petites Principautez & dominations, & que la ruine des maiſons parti-
culieres. Pendãt qu'il y a de la confuſion & des remueméts,
chacun penſe que ce ſoit vertu & generoſité de ſe renger
du party des rebelles, & faire acte meritoire de ſ'emparer
par force, ou autremét, des villes, des chaſteaux, & des pla-
ces fortes, & par brigues & menees des dignitez, des charges, & des magiſtratures, d'exciter les peuples contre
leur Prince ſouuerain, de faire & d'eſmouuoir ſeditions, de
faire ligues, aſſemblees & conuenticules, ſous quelque ſpe-
cieux pretexte, pour rauir iniuſtemét le bien d'autruy, pour
s'emparer des charges & honneurs de la Republique, comme par vn droict de bien-ſeance, & pour teſmoigner à la
poſterité leur courage remply de felonnie & de rebellion.
Mais ces eſprits remuants & deſireux de nouueautez, ſe
trompent grandemét & ſ'abuſent, pour ne ſçauoir pas preuoir les euenemens de leurs damnables conſpirations, contre l'eſtat des Republiques, & contre leurs Princes ſouue-

rains, *Og, contra Mosem repellat , extinguitur, Corre conuinciator,*
obruitur , Datan & Abiron murmurant , deuorantur : aperta est
enim terra & deglutiuit , & operuit Synagoga Abiron. C'est vn
exemple pour tous les rebelles, & la recompenſe qu'ils peuuent attendre , & doiuent eſperer de leur deſobeiſſance &
rebellion , & pour auoir armé les ſubiects contre leur Roy.
Mais ſi l'on vouloit rechercher plus exactemēt la premiere
& principalle cauſe qui faict naiſtre ces deſordres, & qui a
occaſionné tant de maux & de miſeres, & de confuſion en
la France, depuis neuf ans, par des guerres ciuiles, excitees
& allumees en toutes ſes Prouinces, mais en tous les coings
& recoings d'icelles, où il n'y auoit point de ſeureté pour les
plus obſequieux & pacifiques, il ne faut point pēſer en trouuer d'autre, qu'en la meſme deſobeiſſance, où chacun eſtoit
porté contre les loix diuines & humaines, & qu'au meſpris
de ceſte loy de reſpect que l'on doit auoir aux commandemens de Dieu , & aux Ordonnances des bons Roys qu'il a
ordonné pour nous commander, *nullum malum maius inobe-*
dientia, diſoit Sophocle *in Aiace,* & Horace,

> *Hæc perdit vrbes,*
> *Ista perdit & domos,*
> *Vastaſque reddit*
> *Martis in certamine.*
> *Hæc terga vertit*
> *Ritè ſed parentum*
> *Res atque vitam*
> *Seruat auſcultatio.*

Ceux qui peuuent moins , doiuent faire paroiſtre plus de
reſpect & d'obeïſſance, pour la raiſon que rend Arnulphe
Eueſque de Liſieux, en l'vne de ſes Epiſtres, en ces termes,
Quanto merita mea minora ſunt , tantum animus ad obſequen-
dum propenſior eſt, tanto obnoxior ad agendum, vt ſcilicet impoten-
tiæ defectum deuotio ſuppleat , quæ vbicumque ſincera eſt , rectio-
re iudicio quolibet operi debet acceptior æſtimari. Non que les autres qui peuuent dauantage, ſoient diſpenſez de ceſte loy
de reſpect, où chacun eſt naturellement obligé, & par toutes loix diuines, ciuiles & politiques. De la deſobeïſſance viennent les guerres ciuiles , & du deſir que pluſieurs

ont de s'accroiſtre,& de s'enrichir de la ruine des autres.

Hinc vſura vorax auidúmque in fœnore tempus,
Et concuſſa fides,& multis vtile bellum.

Le Poëte Tibule en l'vne de ſes Elegies, diſoit fort à propos de ce ſubiect,

Quis fuit horrendos primus qui protulit enſes?
Quàm ferus & verè ferreus ille fuit.
Tunc cædes hominum generi, tunc prælia nata,
Tunc breuior diræ mortis aperta via eſt.
At nihil ille miſer meruit ad nos mala noſtra
Vertimus in pœnas quod dedit ille fœras.
Diuitis hoc vitium eſt auri, nec bella fuerunt
Non arces, non vallus erat ſomniúmq; petebat
Securus varias dux gregis inter oues.

Vn autre Poëte,parlant des guerres ciuiles,ſemble prendre d'ailleurs la cauſe d'icelles, quand il dit,

Fert animus cauſas tantarum expromere rerum
Immenſúmque ape ritur opus quid in arma ſit
Impulerit populum,quid pacem excuſſerit orbi.
Inuidia fatorum ſeries ſummiſque negatum
Stare dux nimióque graues ſub pondere lapſus.

Mais quoy qu'il veuille dire, les guerres ciuiles n'ont autre cauſe plus eſſentielle que la deſobeïſſance des ſubiects, qui peut veritablement venir d'vne autre premiere, ſçauoir du meſpris que l'on a faict, des commandemens de Dieu, qui eſt le Dieu de paix,d'vnion & de concorde : car les ſubiects viuans en ceſte obeïſſance, & rendans le deuoir deu à leur Roy, il ne peut y auoir entr'eux ſubiect de guerre ciuile, & entre ceux qui ſont en bonne intelligence, & qui obeïſſent tous à ceſte loy de reſpect.La guerre eſt ſouuent excitee, & le feu de ſedition & de rebellion allumé par les pechez du peuple,& ſi l'on dit que la guerre eſt quelquesfois neceſſaire pour deſcharger la Republique de pluſieurs meſchans garnimens,qui y font naiſtre beaucoup de maux : on prendra volontiers cela pour vn paradoxe,& pour vne choſe dite côtre le ſens commun.Et de vray,pour les guerres qui ſe font hors le Royaume,c'eſt vn bon ſubiect pour nettoyer la Republique de telles gens,qui ne peuuét y ſeiourner qu'à la

perte & ruine des bons fubiects , mais pour y fomenter vne
guerre ciuile , & entre les concitoyens , & entre le Prince
fouuerain & fes fubiects, c'eſt vne choſe de trop grande importance, & trop dommageable aux vns & aux aurres, pour
la dire en quelque façon que ce ſoit vtile & neceſſaire. Les
guerres ciuiles ont quelque choſe de plus, pour les deteſter
que les autres guerres qui ſe font, ou contre les infideles, ou
contre les eſtrãgers, pour accroiſtre l'auctorité, & la puiſſance des Monarques, il y a de la rage & de la fureur brutale,
de voir armer les fubiects contre leur Roy, les citoyens cõtre leur patrie, des Prouinces contre les autres, des habitãs
contre leurs concitoyens, les enfans contre leurs peres, les
parens contre leurs conſanguins, & des perſonnes libres &
de condition, & de non courir à la feruitude & à l'eſclaua-
ge, où la rigueur d'vne iuſte punition de leur rebellion contre leur Roy, les peut aſſubiectir par l'euenemẽt d'vne guerre, qui ne peut leur apporter que de la miſere. Voyla des effects de ceſte ſale & deshonneſte rebellion & deſobeïſſance. Quand on void tels deſordres en vne Republique, cõme
l'on a veu depuis neuf ans, en ce beau & floriſſant Royaume, on pouuoit bien dire auecques Arnobe, *aduerſ. Gentes,*
Nunc omnia plena malis , innocentiæ penè interyt nomen. Ex ani-
ma maleficiorum, noua noxiorum improbitate parantur. Pluſieurs
par ambition ont eſté pouſſez à ceſte rebellion, c'eſt vn autre Cameleon, qui à tous propos change de couleurs, *Am-*
bitio multos mortales falſos fieri ſubegit. L'ambitieux *aliud in pe-*
ctore clauſum, aliud in lingua promptum habet, amicitias inimici-
tiaſque non ex re, ſed ex cõmodo æſtimare magiſque vultum quàm
ingenium habere videtur, comme diſoit Saluian. Et vn Poëte
Tragique, nous repreſentant quelque choſe de ce que nous
auons veu , & à noſtre grand malheur experimenté , de
ceſte dereglee ambition, de pluſieurs qui ont voulu domi-
ner & commander d'vne auctorité abſoluë, mais vſurpee,

> *Reges non regna colunt*
> *Plures fulgor conuocat aulæ.*
> *Cupit hic Regi proximus ipſi*
> *Claruſque latas ire per vrbes*
> *Vrit miſerum gloria pectus.*

En tels ambitieux il n'y a que de l'hypocrisie & de la dissi-
mulation, ils font contenance d'aimer & de respecter, & ne
sçauent que c'est, ils dissimulent & taschent par leurs dissi-
mulations de faire leurs affaires, *amant latebras & tenebras,
lucis, sunt impatientes & cum prorumpunt in impudentiam, effica-
ciam perdūt, vident omne sublime, sed videri ipsi refugiunt.* Ainsi
despeint les ambitieux sainct Bernard, escriuant aux Eues-
ques d'Aquitaine. L'ambition n'est iamais sans quelque
specieux pretexte, & est tousiours suiuie d'auarice, comme
tesmoigne ce vers de Claudian *de laudib. Stiliconis lib.* 1.

> *Trudis auaritiam cuius fœdissima nutrix*
> *Ambitio.*

Si l'ambitieux n'a ny foy ny parole, l'auaritieux & celuy qui
desire s'enrichir du bien d'autruy, n'en a non plus, *omnem fi-
dem & probitatē subuertit auaritia,* disoit Saluste, parlant d'vn
ambitieux, *pro his superbiam, crudelitatem Deos negligere & omnia venalia habere docuit.* Et c'est volontiers ce qui faict dire à
Claudian.

> *Emitur sola virtute potestas.*

Et à sainct Basile, en l'Oraison *de Principatu: A Natura principatum obtineat, magnitudine, forma, morum mansuetudine, & in
hoc cæteris antecellens tardus ad vindictam pœnamque sumēdam.*
Et adiouste pour ceux qui ne sont imitateurs de la vertu de
leur Prince, l'exemple des Abeilles, celles *quæ non sequuntur
regis exemplum, citò pœnitet temeritatis, quia mox ictu interimū-
tur.* Et c'est aussi la difference qu'il faict entre le Roy & le
Tyran, que le Roy ne regarde que l'vtilité de ses subiects, &
leur conseruation, & le Tyran ne desire que faire son profit,
sans consideration, qu'il vsurpe iniustemēt le bien d'autruy.
Il ne faut doncques trouuer estrange, si l'on a veu le subiect
si temeraire de prendre les armes contre son Roy, le citoyen
contre son pays, & le fils contre le pere, estans enyurez de ce
mortel venin d'ambition & d'auarice. Mais si l'on a veu des
subiects si impitoyables, que de porter le glaiue & le flam-
beau, pour reduire en cendre ce fleurissant estat de la Republique Françoise? Iamais l'ambitiō & l'auarice, qui sont cō-
me deux vlceres incurables, & qui ne prennent pied dans
les ames disposees à l'obeissance, ny aux autres qui sont

portees

portes au changemēt,sans laisser vne viſue atteinĉte de leur
mortel venin,qui en fin cōſomme toutes bōnes & naturel-
les affections,& en fin les rēplit de leurs humeurs virulētes,
& les reduiĉt par ceſte gangrene au poinĉt d'vne deſeſperee ſanté & recōualeſcence.Il eſt vray que l'ō a veu des plus
ſcelerats, meſchans & impies, ſe ſeruir du beau pretexte de
religion , & d'vne ſainĉte vnion , pour dénoncer la guerre,
pour palier & couurir leurs ambitiōs, & pour penſer eſtein-
dre & effacer la memoire des crimes & des forfaiĉts, qu'ils
auoient cōmis & perpetrez,tāt d'aſſaſſinats,de voleries,d'a-
dulteres , d'inceſtes,de bruſlemens,de ſortileges:& de telles
impietez , auec leſquelles il ſeſtoient rendus redoutables
aux autres, & ſembloient vouloir à la façon de ceux de Ba-
bel, deffier le Ciel qui les menaçoit d'vne dure punition,
pour leurs meſchancetez execrables. On void aux Hiſtoi-
res anciennes que du temps de l'Empereur Adrian,vn Bar-
chochabas eſmeut de grandes ſeditions, pour ſ'emparer de
l'Empire,ſous couleur de Religion. Alcibiades ſous ce meſme pretexte en fiſt autant en Grece:Sertorius à Rome:Ze-
lurus en Italie: & cét infidelle Mahomet en Affrique. *Vana
religio*,diſoit vn ancien, *quæ ſceleri locum facit*.Le pretexte eſt
beau, mais l'intention eſt meſchante,on le peut comparer à
l'Aigle qui porta le Roytelet d'Æſope ſous ſes aiſles , & qui
fut deuancee par luy,lors qu'ils approchoiēt du Soleil. Car
dans le Ghariot triomphant de la religion, infinis ambitieux ont eſté portez iuſques aux troſnes des Roys,où ils aſ-
piroient par leur rebellion , & par apres comme deſerteurs
d'icelle, l ont quiĉtee & abandonnee pour contenter leurs
ames ambitieuſes,du fruiĉt de leur rebelliō qui ne pouuoit
eſtre deduree. Peut on dire ceux là veritablement zelez à
la religion,touchez de pieté,& eſmeus de deuotion, qui au
meſpris de l'honneur de Dieu,& de la ſainĉteté de ſon Egli-
ſe,*Donaria templorum ſpoliarunt*, comme faiſoient les Gentils
du temps d'Arnobe,*qui proſcriptionibus & cædibus nudarunt ciuitates.*Ceux qui commettent quelque faute, ſous pretexte
de pieté & de ſainĉteté, ſont bien plus dignes de reprehen-
ſion,que ceux qui ſont portez à malfaire,par vne inclinatiō
& par vne mauuaiſe habitude,encores que les vns & les au-

D

tres offenſent, ceux là offenſent doublement, penſans que
ce grãd Dieu qui penetre iuſques à l'interieur de leurs plus
ſecretes penſees, n'a cognoiſſance de ce qu'ils font par diſſimulation. L'iniure faicte au Roy eſt bien plus grand, & l'offenſe, que celle qui eſt faicte à l'vn de ſes ſubiects : celle qui
eſt faicte aux Magiſtrats, que celle que l'on faict à vn particulier: celle qui eſt faicte au maiſtre, que celle qui eſt faicte
au ſeruiteur. La loy puniſt plus griefuement l'offenſe faicte
à celuy qui eſt conſtitué en dignité, & en charge, que celle
qui eſt faicte à vn homme priué. C'eſt la qualité qui rend
l'iniure atroce. Si dõcques l'on offenſe Dieu en abuſant du
nom de religion, pour couurir vne rebelliõ, pour reuolter les
ſubiects, pour les oſter de leur deuoir, & pour les armer contre leur Roy, & pour procurer la ruine par toutes ſortes
d'impietez, de ceux qui ſont conſtammét demeurez en ſon
obeiſſance, que merite cela ? ſinon d'eſtre effacez du roole
de ſubiect, & d'eſtre oſtez & arrachez de la ſuperficie de la
terre ? Leurs iniquitez ſont grandes, & en grand nombre,
quas ædes non depopulati ſunt? eo prætextu, cum nihil niſi rapere &
ſpoliare ſtuderent? quot hominum cædes obſignatæ ſuni? quàm mul-
ta quæ in Eccleſiis erant, ſuis militibus & miniſtris donauerunt?
quis illos expers fuit? non ob iſtos relictis ædibus in deſerto obnocta-
runt ? quis maris imperitus non maluerit mare mariſque pericula,
quàm tot minaces experiri? C eſt la plainte que faiſoit S. Atha-
naſe de tels perſecuteurs qui eſtoient de ſon temps, & qui
en vouloient au nom & à la perſonne du fidele Chreſtien.
Mais d'où ont procedé tant de maux ? tant de miſeres &
d'afflictions ? qui en eſtoit le ſubiect ? Sinon le meſpris que
lon faiſoit des commandemens de Dieu, le meſpris des loix
& des Ordõnances, le meſpris de ſon Prince & de ſes Magiſtrats, & de la iuſtice? d'où venoit ce meſpris, ſinon de la corruption du ſiecle, & d'vne accouſtumãce, & d'vn endurciſ-
ſement au peché? Les afflictiõs que Dieu enuoye à ſon peuple, viennent ordinairement des pechez, & ſont quelquesfois neceſſaires, & touſiours pour noſtre bien: car comme diſoit S. Auguſtin, *quando Deus permittit vt quis aliqua tri-*
bulatione vexetur miſericors eſt, quia non auxilium negat, ſed deſi-
derium mouet : & le meſme pere diſoit encores ſur le meſme

subiect, in præsenti vita, delitiæ temporales dulces sunt, & tribula-
tiones amaræ: sed quis non bibat poculum tribulationis metuens ignē
gehenarum, & quis non contemnat dulcedinem seculi inhians bonis
vitæ æternæ. Le mal estoit grand dés sa naissance, mais il eust
esté facile de l'estouffer, s'il n'eust aussi tost pris accroisse-
ment par la malice des subiects peu fideles, qui se laisserent
emporter au vent de rebellion. *Malum exiguum neglectum,*
ingens parit periculum. Le feu ne se peut pas esteindre aisé-
ment, quand il est abbrandy, & difficilement l'on, trouue remede aux maladies aquees, s'ils ne sont appliquez en temps
& lieu.

Temporibus medicina valet, data tempore profunt.
Et data non apto tempore vina nocent.

Il faut preuoir & preuenir le mal, considerer la consequen-
ce, dissiper les effects, & s'il est possible rompre les mauuaises
entreprises, & les proiects des hommes malicieux, *Parua sæ-*
pè scintilla magnum sæpè excitat incendium, disoit à ce propos
Quinte Curse. Autresfois les Roys faisoient l'Office de Iuges, comme il se peut voir aux liures sacrez des Roys & des
Iuges : c'estoit pour faire recognoistre que la iustice estoit
aussi necessaire que la Royauté, & que l'vne ne pouuoit
pas subsister sans l'autre : mais la malice du peuple croissant,
il a esté à propos de choisir des Iuges, pour rendre la iustice,
pendant que les Roys estoient occupez à deffendre les li-
mites de leurs Empires & domination, & empeschez pour
conseruer leurs droicts contre ceux qui les vouloient vsur-
per. Si l'on y auoit faict deuoir commeil appartenoit, peut
estre qu'il ne se fust trouué tant de rebelles & de temeraires
vsurpateurs de l'auctorité des Roys. On peut doncques ad-
iouster pour vne autre cause de ces rebellions & reuoltes la
negligence des vns & des autres, qui pouuoient & deuoiēt
les preuenir, & y apporter les remedes necessaires pour dissiper les ligues & conspirations que l'on faisoit quasi ouuertement. Theopompus ayant introduict à Sparte les Epho-
res, & mesme communiqué les affaires concernant le gouuernement du Royaume, en fut repris par les siens, comme
s'il eust raualé son auctorité & sa puissance, ou desiré la laisser moindre à ses successeurs qu'il ne l'auoit receuë de ses

D ij

antecesseurs : mais à ceste obiection il fist vne sage response
& digne de luy, qu'il laisseroit par ce moyen l'auctorité plus
grande à ses enfans, parce qu'elle seroit plus asseurée. Et de
faict relaschant vn peu de ce qui estoit trop roide, trop ve-
hement, & trop exact en la royauté, il euitoit & le peril, &
l'enuie. C'est le deuoir des Iuges & des Magistrats de maintenir & conseruer les Republiques en repos, le peuple en
l'obeissance des loix, & du Prince, & vn chacun en son deuoir. C'est leur charge de punir les meschans, & de conseruer les bons, en ce faisant ils rendent leurs Prouinces paisi-
bles. *Et sic erudiunt bonos per malos, & per temporalem potentiam
damnatorum exercent disciplinam liberandorum.* S'il n'y auoit
des Iuges, on ne pourroit pas faire difference entre les bons
& les mauuais, encores qu'elle soit grande, *nam quicumque
mali sunt successione rerum deteriores fiunt, gaudentes sibi nequi-
tiæ studium benè cedere, boni autem infirmitate vel paupertate,
vel alijs rebus se fœlices esse confidunt, nemo enim aliorum sensu
miser est sed suo.* Puis que les Iuges sont esleuez en Dignitez comme fortes colomnes, pour appuyer la pesante
Majesté de la couronne des Roys, & pour ordonner & en
leur absence rendre la iustice aux subiects, & qu'ils sont en
la Republique comme le cœur & le foïe au corps humain,
qui departent le sang & les esprits aux veines & arteres ; Il
est raisonnable qu'ils soient obeïs, comme les loix animees
& parlâtes de l'Estat. Ils ressemblent à l'estomac, où chaque
membre du corps va prendre sa nourriture : Au Pole vers
lequel la poincte des actions des autres inferieurs est tousiours tournée : Et en fin on les peut comparer aux miroirs
ardens, qui ne peuuent brusler que par la reflection du Soleil. On les estime pour la grandeur & importance de leurs
charges, comme membres du corps des Roys, tenus & reputez comme suittes necessaires de leurs dignitez, comme
ressorts de leurs Couronnes, & comme parties essentielles,
meslées & confuses auec la Royauté : car sans l'auctorité des
Roys ils ne peuuent rien, & ne sont que particuliers comme les autres : mais il faut recognoistre que pendant l'eclip-
se de ces miserables diuisions, & pendant ceste confusion
déreglee de partis & de dominations vsurpees, & aux Prouinces & aux villes & aux chasteaux, qui ont seruy de re-

traicte à autant de Tyrans, pour tyranniser le peuple, & en sa
volonté, & en ses biens: les loix ont esté muetes & sans vertus, les Iuges & Magistrats sans auctorité & puissance, & le
peuple sans liberté: & mesme vostre Majesté, SIRE, n'a pas
esté obeïe, suiuie, recogneuë & respectée par les vostres. Le
simple peuple comme les autres, a esté par quelque temps
ensorcelé de ce venin mortel de diuision: la Noblesse aussi
en a gousté, & les plus grãds ont porté la couppe mesme, &
l'ont presentee à plusieurs, pour en beuuant de ce poison
les rendre desobeïssans, refractaires & rebelles comme eux
à vostre Majesté, *O ingrata patria pijßimi Regis!* disoit vn ancien Historien, sur vn pareil accident aduenu en Saxe. *O in-*
grati ciues! qui vous pourra lauer de ceste tache, & oster ce
reproche d'ingratitude à vostre posterité. Ce n'est point de
merueille si vous auez tourné le tableau des loix, pour viure en vne deshonneste liberté de mal faire, liberté plus sa-
le que la seruitude mesme. Il ne faut point aussi s'estonner si
pendant ces troubles & ces tracassemens, on n'a point en-
tendu la voix de tant de bõnes loix, par la bouche des Magistrats, qui n'ont point eu leurs fonctions libres, non plus
que leur auctorité entiere. Les loix sont inutiles pẽdant les
guerres ciuiles, la raison n'a plus de lieu, la Iustice est mé-
prisee, la pieté foulee aux pieds, le Magistrat moqué, & tout
honneur & modestie changee en temerité & confusion.
Antigonus le fit assez recognoistre, lors qu'il luy fut presen-
té (c'estoit pendant la guerre) vn excellẽt Traicté de la iustice, il le refusa tout à plat, comme s'il eust voulu dire que tels
discours estoient hors de saison, & qu'il ne failloit considerer la iustice, ny penser d'entendre les loix au bruit des armes, & que toutes choses deuoient estre licites & permises,
à ceux qui auoient & les armes & la force en la main. Ce
n'estoit suiure le conseil que donnoit vn ancien aux Monarques de son temps, & à ceux qui se mesloient de commander aux peuples, de ne penser iamais, *Ius esse in armis, &*
omnia virorum fortium. Cela seroit encores croyable pour les
vsurpateurs de domination, & pour les Tyrans, qui pensent
que toutes choses sont licites & permises, & que l'iniustice
& la cruauté sont les plus asseurez moyens pour maintenir

D iij

& cõferuer leur auctorité & puiſſance. Denys Tyrã de Sira-
cuſe n'auoit point de hõte de dire que le plus grand plaiſir
& contentemẽt qu'il receuoit en ſa domination tyrãnique,
c'eſtoit que tout ce qu'il commandoit eſtoit promptement
faict & executé. Mais touſiours le vice, la malice, & la Tyrannie cheminant par la carriere de telles puiſſances vſurpees, ont de couſtume de preſſer & gehẽner tellement leurs
violentes paſſions, que leur courroux deuient auſſi toſt
meurtre, leur amour adultere, & leur auarice proſcription.
Et lors qu'ils ſe ſont rendus odieux à tous, par leur meſchan-
ceté, & qu'ils ſe ſont faict redouter & craindre par leurs violences, & qu'ils y penſent le moins, ils trouuent en fin le dire
de Senecque veritable, *facilius eſt Tyrãnum occidere quam ſuſ-
ſtinere.* C'eſt touſiours l'iſſuë de leur puiſſance tyrannique, &
l'effect de la haine qu'ils attirent par leur cruauté, *quem metuunt oderunt.* Les Roys legitimes, & les bons Princes ſe cõ-
portent tout autrement enuers leurs ſubiects, & prennent
bien garde que rien ne leur aduienne contre la raiſon, & la
iuſtice, & ſçauent treſbien que *regna cùm ſcelera ſunt exilijs
grauiora*, comme diſoit le Poëte Tragicque en ſa Thebai-
de: & ailleurs il leur donnoit ce bon & ſalutaire conſeil,
diſant,

> *Sanguine humano abſtine*
> 　*Quicumque regnas.*

Il faut croire que la iuſtice eſt cõme la medecine des ames,
qui diſſipe ou conſomme toutes les humeurs peccantes,
mauuaiſes & corrompuës. C'eſt comme vn ſoleil qui inſpi-
re aux plãtes, aux herbes, & aux fruicts tout ce qu'ils ont de
bõ. Il ne peut pas attribuer cela, ny à la terre, ny aux pluyes,
ny aux vents, comme quelques vns ont voulu faire, car ſans
loy & ſans iuſtice il n'y a pas moyen de ioüir & vſer droictement de tant de dons, & de rares preſens, qui ſont faicts aux
hommes par la main liberale de ce grand Dieu, qui eſt le
vray Soleil qui eſclaire & illumine nos ames, par l'infuſion
de ſes ſainctes graces, c'eſt le Soleil de iuſtice, & la iuſtice
meſme, qui ſe communique aux Monarques, pour la rendre
aux peuples. Si en aucun temps ſa preſence eſt neceſſaire,
c'eſt principalement en vn temps de confuſion & de deſor-

dre, en vn siecle de fer, & quand il se trouue des reuoltes,
des rebellions, des ligues, des factions & des conspirations
meschantes contre l'Estat des Royaumes, & pour troubler
le repos des Republiques. La Iustice, comme disoit sainct
Basile, *Regula est iustorum & iniustorum:* c'est le niueau où les
actions d'vn chacun doiuent estre mesurees, & la pierre de
touche, qui doit faire discerner le bon d'auecques le mauuais, & le bon or d'auec les autres metaux. Car côme disoit
le mesme Pere, *Vt quæ corporibus eueniunt ægrotationes, medi-*
corum ope & industria curantur: sic animorum feritatem propul-
sant & eÿciunt Legislatorum & Magistratuum sententiæ. Si les
maladies se trouuent incurables, cela ne vient pas seule-
mêt de la corruption de l'air, & d'vn libertinage qui se void
ordinairement en vn temps corrompu, mais souuent par
mauuaises habitudes, & par la conniuence de ceux qui
n'ayant à temps appliqué les remedes propres & conuena-
bles, les rendent en fin incurables, & qui plus est, ces vlceres
malicieux, & ces gangrénes infectent les autres de leur con-
tagieux venin, si on n'y prend garde. La force des medicamens ne despend pas tousiours de celuy qui les applique,
mais de la vertu qu'ils ont receu du tout puissant: s'ils profi-
tent peu, c'est la mauuaise disposition du patient, & la mauuaise habitude qu'il a contracté par l'accumulation de ses
mauuaises humeurs. Vostre Prouince de Bretagne, S i r e,
qui est comme vn bouleuart opposé pour la deffense de
vostre Royaume, a ressenty comme vos autres Prouinces,
quoy que ce soit en plusieurs endroicts d'icelle, ce mortel
venin qui se monstre infernal de rebellion, a ieté & respan-
du par tous les cantons de la France. Elle a veu & recogneu
les malheurs qui suiuent ordinairement les reuoltes, les ligues & les factions, mais elle a souffert, & en general, & en
particulier, pour auoir trop legerement creu aux faux pretextes que l'on prenoit, pour mettre tout en confusion vos
pauures subiects, & principalement ceux qui sont demeurez constammêt en leur deuoir, & en vostre obeissance, peuuent bien dire pour l'auoir experimenté à leur tres-grand
malheur, que *omnia sunt in bellis ciuilibus misera,* puis qu'ils
ont veu tant de fois, *milites vagari, villas & agros diripientes*

pecorum prædas certatim abigentes : par ce moyen les pauures Laboureurs eſtoient reduicts,& leurs petites familles , àvne honteuſe , mais contraincte & peu libre mendicité. Ils ont veu auſſi ce que dict Saluſte , parlant d'vne pareille conſpiration, *penes eoſdem ærarium, magiſtratus, & dignitates , populus malitia atque inopia vrgebatur, parnus vti quiſque potentiori confinis erat, ſedibus pellebatur.* Et pourroit on encores adiouſter de plus auecques Tertulié en ſon Apologet. *In templis adulteria componi, inter aras lenocinia tractari , & in ipſis ſacerdotum tabernaculis flagrantem libidinem expungi.* Voila des effects de ces petites principautez & dominations, vſurpees par telles reuoltes ,ſur vn bon & legitime Monarque. Les eſtrangers meſmes ont eſté conuiez & appellez pour aſſiſter à vne depredation & ruine entiere de vos ſubiects , mais aux obſeques & funerailles de voſtre Prouince. Cela n'eſt pas ſi eſtrâge & ſi extraordinaire aux guerres ciuiles , que de voir ſes voiſins & concitoyens acharnez comme beſtes feroces à la ruine les vns des autres , & touchez de ceſte lepre de rebellion , & de ceſte furie de diuiſion , ſ'inuiter aux miſerables deſpoüilles de leurs patrie, *horridum quidem ſpectaculum.* On peut doncques bien leur dire auecques le meſme Tertulien, *O impiæ & ſacrilegæ voces!* Et leur reprocher le titre qu'ils ont acquis pour ſ'eſtre ſeparez de l'obeiſſance de leur Prince,& auoir quitté la fidelité & amitié de leurs concitoyens, pour faire party à part. Le nom de rebelle , *nomen quidem infeſtum, ſi ſolius nominis crimen eſt.* C'eſt vn vilain reproche àvn enfant de le dire deſobeiſſant aux commandements de ſon pere,à vn ſeruiteur de le dire refractaire, mais bien plus grand à vn ſubiect, qui ne rend point la fidelité qu'il doit à ſon Roy. Ceſte ingratitude paſſe celle des autres , mais elle eſt digne,non point d'vne priuation de biens,ou d'vne perpetuelle ſeruitude , comme des autres, ains d'vne punition corporelle & exemplaire. C'eſt vn crime des plus qualifiez, puis qu'en offençant la majeſté d'vn Roy, il redonde auſſi à Dieu, qui l'a ordonné pour commander. Dira-on pour pretexter tant de maux qui ſont venus en ſuitte de ceſte rebellion & reuolte, qu'il eſtoit queſtion de conſeruer la religion,& auec Horace.

D ÿ

Dÿ multa, neglecti dederunt
Hesperiæ mala luctuosæ.

Mais la Religion se peut elle conseruer par les impies &
meschans? *Casta placent superis :* ces rebelles & faciendaires
se sont ils comportez sainctement & chastement en leur reuolte ? Ont ils espargnez les saincts lieux, de leurs rapines?
ont ils exempté de leurs violentes mains les Prestres, &
ceux qui estoient consacrez au seruice de Dieu? ont ils eu
esgard à la qualité de pere, à celle de mere & de parés, pour
les exempter des tourmens & des rançós, extorquees d'eux
par leurs violences? ont ils pardonné à leurs voisins & concitoyens : & ont ils eu quelque atteinte en leurs cœurs, des
larmes & des gemiffemés des enfans, des vefues, & des vier-
ges forcées & violées en la presence des mercs, & des maux
qu'ils ont perpetré, & veu perpetrer & cómettre, en ont ils
eu quelque compaffion, mais s'y sont ils opposez pour deffendre l'innocence? n'ont ils point employez les iours plus
solemnels & de Festes pour executer leurs mauuais des-
seins, & leurs meschantes entreprises ? Ce ne sont pas des
actes de personnes zelees à la Religion,

  Parcite lachrimis vrbis
  Festo
  Lætoque die.

disoit Seneque.

Et Ouide voulãt monstrer qu'aux bons Iours, comme ceux
des Festes, il faut faire de bonnes œuures, & auecques ioye
& resioüiffance.

  Dÿ quoque vt à cunctis hilari pietate colantur
  Triftitiam poni per sua festa iubent.

A vn Roy tres-Chrestien, & au premier fils de l'Eglise, faire la guerre & prendre pour pretexte d'vne rebellion, que
c'est pour conseruer & deffendre la Religion, n'est ce pas
ouuertement se moquer, & vouloir sous vne feinte vnion,
& sous vn faux & diffimulé pretexte, prendre occasion de
faire dix mille maux? Il ne faut point rechercher d'autre su-
ject de leur reuolte, que les malices, que leur ambition &
leur ardent desir de commander. Les citoyens doiuent l'o-
beïffance à Dieu & à leur Roy, & la fidelité, & à leur pays

E

toute affection & plus qu'au reste des autres choses de ce
bas monde, d'autant qu'il comprend & enueloppe en soy
tout le reste, & contient en son salut tout ce que nous ay-
mons & cherissons. Si ceux qui en tant de façós ont recherché & procuré sa ruine, se feussent representé la vertu, & la
grande & admirable affection des anciens enuers leur pays,
pour le salut duquel ils ne faisoient point de difficulté d'ex-
poser leur vie, non plus que les Roys pour la liberté & conseruation de leurs subiects, ou pour le moins s'ils auoient
consideré ce que dit le Poëte,

> *Melius exilium est tibi*
> *Quàm reditus iste : crimine alieno exules*
> *Tuo redibis.*

Et vn autre,

> *Succensere nephas patriæ, nec fœdior vlla*
> *Culpa, sub extremas fertur mortalibus vmbras*
> *Sic docuere senes.*

Ils se feussent volontiers deportez de ce qu'ils ont faict, &
eussent denié leur assistance, à ceux qui ne desiroient qu'à
contenter leur ambition, par l'occupation d'vne auctorité
souueraine qu'ils vouloient faire. Et pour le moins eussent
ils plustost porté leurs armes hors la prouince, si la raison ne
les pouuoit contenir en leur deuoir, que de causer la ruine
de leur pays, mais que d'aider à la ruiner: & se perdre d'honneur & de biens par leur reuolte. Le pays qui les auoit si
cherement nourry & esleué, le dechirer en piece, c'est vne
impieté bien grande, & de fauoriser & aider les autres en
ceste ruine. Souuent ils ont esté cóuiez de retourner en leur
deuoir, & de recognoistre pour mere celle qu'ils traictoient
comme vne marastre. Les plus barbares ayment & honorēt
le lieu de leur naissance, & mesme le iour, & neantmoins
plusieurs estás en sens reprouuez pendant ceste paralisie, ou
letargie, ont desdaigné, & les loix de leur pays, & la societé
ciuile de leurs concitoyens, & l'honneur, & obeissance de
leurs pere & mere, le salut de leurs enfans, la bien-veillance
de leurs amis, & faict mespris de toutes choses honnestes &
vertueuses, pour suiure leurs appetits dereglez, & viure en
vne liberté de mal-faire. C'est bien de l'ingratitude, & peu

de preuoyance de ce qui pouuoit arriuer de leur rebellion.
Nous ne flaterons point pour dire au nom de tous ceux qui
font demeurez fidelles à voftre Majefté, & ne diffimulerons
point, que nous n'ayons beaucoup fouffert pendant cefte
tourmente : il eft vray que, *in eas anguftias communis patriæ
fortuna deducta eft*, pour parler auecques Salufte, difcourant
fur vn mefme fubiect, *vt extrema etiam effent timenda.* L'on a
veu les pauures Laboureurs quicter leur labourage & leurs
biens, les veufues, les orphelins, & perfonnes miferables,
abandonner leurs maifons, & ce qu'ils auoient de cõmodi-
té de viure, pour fuir & euiter la rage des gens de guerre, &
leur fureur. Ces pauures miferables deuoient, fuiuant les
anciénes loix de la guerre, & la difcipline militaire trouuer
quelque feureté parmy cefte barbarie, & toutesfois aucun
ne fe pouuoit dire exempt, ny de rauages, ny de rançons, ny
de tourmens, ny d'extorfions, quand il tomboit entre les
mains impies de ces reuoltez, *& fugere in campos & fequi, &
capi: & occidi, & multis vulneribus receptis neque fugere poffe, neque quietem pati.* Et fi quelqu'vn f'eft trouué qui ait peu euiter vne miferable prife & captiuité de fa perfonne, c'eft parce qu'il f'eftoit refugié dans les bois & forefts, & y faire leur
afyle, où le plus fouuent ils ont trouué plus de douceur entre les beftes, que d'humanité entre ces barbares deuoyez,
qui ne f'eftudioient qu'à inuenter nouueaux tourmés pour
tirer quelques rançons de ceux qui eftoient par les rauages
defpoüillez de tous moyens, *res quidem non literis fed lachrymis defcribenda.* Souuét auecques leurs plaintes & leurs cris,
ils ont faict retentir l'air, par le redoublement de leurs miferes. Souuent le Ciel a efté penetré de l'ardeur de leurs voix
debiles, à caufe de la faim & des tourmés, & fouuent ils ont
eu fubiect de faire cefte imprecation contre ceux qui les
tourmentoient & affligeoient fi cruellement.

> *Dÿ te fummoueant, ô noftri infamia fecli,*
> *Orbe fuo tellúfque tibi pontúfque negetur.*

La vehemence les y a fouuent prouoquez & pouffez, voire
mefme contraincts contre leur volonté, fe voyans entre tant
de tyranneaux, ainfi miferablemét tyrannifez. On pouuoit
bien dire qu'il y auoit lors autant de Roytelets que de villes

rebelles, autant de Tyrans que de Capitaines, & autant de
voleurs & de brigãdeaux, que de Chasteaux & forteresses,
par le moyen desquelles tout le peuple estoit tenu en vne
miserable subiection, prins & despoüillé de ses moyens, &
laissé sans commodité de viure. Ce qui est encores plus à
blasmer, c'est que plusieurs citoyens se sont rengez du costé
de la rebellion, pour y ruiner les autres, & y faire leurs affaires, comme plusieurs ont faict sans aucun scrupule de con-
sciéce : parce que c'estoit pour la Religiõ, ainsi estoit suppo-
sé par les rebelles, ausquels l'on peut dire auecques le Sage,
impÿs præbuisti auxilium & his qui oderunt nos, & ideò iram Do-
mini meremini. Mais ce pauure peuple affligé parauenture
pour ses pechez, apres auoir reclamé l'aide du Ciel, il a eu
aussi recours à voltre Majesté, S I R E, parce que vous estes
l'oinct du Tres-haut, & ordonné de luy pour auoir soing de
vos pauures subiects: c'est afin que vo⁹ apportiez la main &
voltre auctorité & puissáce souueraine que vous tenez im-
mediatement de Dieu, pour les tirer de ceste grãde oppression. C'est à vous de les conseruer & deffendre, de les mettre sous l'aisle de voltre grandeur, de les receuoir en voltre
protection & sauuegarde, & de les remettre en leur premiere franchise & liberté. Ce n'est pas sans cause que les Roys
sont appellez peres du peuple, c'est afin d'auoir soing de
leurs subiects, comme de leurs enfans, pour les mettre & cõ-
seruer sous les aisles de leur vertu & bonté paternelle. Et de
vray on ne peut pas desnier sans marque d'ingratitude, que
vous n'ayez esté souuent esmeu des plaintes & des gemisse-
mens redoublez de vos subiects, les voyant en oppression,
que vous n'ayez eu de vifues atteinctes des miseres que l'on
luy faisoit souffrir, & que vous n'ayez pris souuent resolutiõ
de le secourir, & de venir vous mesme en la Prouince, comme vn autre Hercule, pour combatre ce monstre infernal
de sedition, & pour ranger à leur deuoir ceux qui estoient
temerairement sortis de voltre obeissance, par les charmes
d'vne Circé enchanteresse, & par les trompeuses persuasiõs
des aucteurs de la rebelliõ. Il est bien difficile que le Medecin puisse guarir le malade & patient, sans le voir, sans cognoistre ses habitudes & inclinations, & sans sçauoir les

principales caufes du mal, il faut toucher le poulx, confide-
rer le temps de la crife, & ne negliger point ce que l'art en-
feigne, pour pronoftication des euenemens. Senecque difoit au premier de la Clemence: *Medicus abfentem ægrum non
fanat, vena tangenda eft.* Et vn autre Philofophe voulant faire voir la vertu & l'efficace d'vne grãde chaleur, qui par fa
prefence diffipe les mauuaifes humeurs, *recedũt, inquit, à fole
vapores* : & nous difons que le bon-heur de voftre prefence
nous eft tref-neceffaite, *Sol defideratur, vt radios fuos, terræ &
hominibus & cunctis animantibus impertiatur.* C'eft pour ofter
la glace des cœurs des rebelles, & la rompre & reduire à fon
principe, & pour rechauffer les mefmes cœurs du feu de voftre amour, & d'vn ardent defir de vous rendre à l'auenir
plus d'obeiffance & de fidelité qu'au paffé, afin qu'ils ayent
fubiect de dire, & nous femblablement auecques le Poëte,

> *Tu velut eximium poft triftia nubila tandem.*
> *Sydus ades, tu bella fugas, pacémque reducis,*
> *Tu leges & iura nouas, te præfide rerum*
> *Grata redit facies, certúfque renafcitur ordo.*

Et fi l'efperance que nous auions de long temps conceuë, &
qui fembloit feule nous refter de noftre naufrage, pour le fecours humain a eu tant de puiffance & de vertu que de r'af-
feurer nos efprits chãcelans, & quafi abatus de la pefanteur
& horreur de nos maux, *fpes enim rerum aduerfarum patientiã
fuadet,* difoit Simacque: combien à plus forte raifon deuons
nous eftre confirmez en noftre efperance, par voftre prefence tant defiree, qui changera, comme elle a defia faict par le
bruict de voftre venuë, cefte grande douleur en ioye, ces
plaintes en contentement, ces tenebres en lumiere, ces voix
debiles en chants d'alegreffe & de refioüiffance, & nos vifa-
ges defigurez de peines & de miferes, en vn merueilleux en-
bon-poinct ? *Iuftis Dominus quidquid malorũ irrogat, non eft pœ-
na criminis, fed examen virtutis,* difoit S. Auguftin: & adioufte
encores, *nam etiam bonus fi feruiat liber eft, malus autem & fi regnet feruus eft.* Dieu nous a conferué, & voftre prudence &
vigilance iufques à prefent, *& cuftodit nos ab omni malo non vt
nihil patiamur aduerfi fed vt ipfis aduerfitatibus anima noftra non
lædatur.* Ces Geans enfans de la terre, qui menaçoiét le Ciel

de leurs voix prefomptueufes & arrogantes,& qui auoient
defia party & diuifé entre eux vne grande partie des dominations,iniuftemét vfurpees, ont telle crainte de voftre ve-
nuë:que les vns auoient au feul bruit quicté leur party,pour
fe ranger du voftre:les autres auoient entré en compofition
pour rendre ce qui vous appartenoit,fans vous attendre, &
leur chef mefme a auffi enuoyé par deuers voftre Majefté,
pour vous tefmoigner qu'il ne pouuoit pas refifter à voftre
valeur:*fic arbores diu crefcunt,& vna hora extirpantur.* De forte qu'vne grande auctorité & puiffance, par le feul efclat de
voftre vertu,a efté renuerfee,mais par le bruit de voftre venuë, & toutes ces petites dominations , qui ne refpiroient
&n'apuyoient leur grádeur que fur l'efperáce de l'autre,qui
en fin a efté reduite en fumee. On trouue en l'hiftoire Romaine qu'vn foldat des legions Romaines n'eut pas la har-
dieffe de regarder l'Empereur Augufte au vifage,& interrogé du fubiect de fa crainte,il ne fift autre refponfe, finon que
lumen oculorum eius ferre non poterat. Il femble que vos ennemis ayent eu la mefme apprehenfion, puis qu'ils ont preuenu,fe foubmettant à voftre douceur & cleméce,& ne cher-
chant que le bon-heur de vos bonnes graces.Ceux qui pé-
foiét eftre pres de recueillir le fruict de l'arbre qu'ils auoiét
planté dans voftre heritage, fe font trouuez trompez, ne
pouuant plus monter pour en prendre le fruict, comme auparauant,*cum ipfis ramis quas comprehenderant deciderunt.* Et
ce changement a donné vn merueilleux contentement à
vos fidelles fubiects, qui en loüant Dieu de voftre heureufe venuë, ont faict paroiftre leur allegreffe , *vt enim
placidum mare ex affero , cœlum ferenum ex nubilo afpectu hilari
fentitur:fic bellum pace mutatum plurimum, adfert gaudÿ.* Voùs
aùez faict cõme vn autre Ptolomee, duquel parlant Ælian
en fon hiftoire, dict que quand il approchoit de quelque
ville,difoit ordinairement ces mots,*accedamus his vt aduentu
noftro falutem largiamur.*Il eft doncques raifonnable que l'on
fe refioüiffe de voftre heureufe & defiree venuë, qui a cõme
affranchy & remis en liberté le peuple de voftre Prouince.
*Poft laborē quies, poft naufragium portus, placet cunctis fecuritas,
fed ei magis qui timuit: iucunda omnibus,fed euadenti de poteftate*

miſeriarum iucundior, diſoit le pere ſainct Bernard en l'vn de ſes ſermõs. Voſtre Prouince auoit encores l'eſtomach chargé des reſtes de ſon mal , la cendre de ſa fiebure ardête pour eſtre paſſee , luy donnoit encores des émotions , elle reſſentoit auſſi la peſanteur de quelque humeur peccâte, & quelque petit filet du venin des diuiſions paſſees : mais à voſtre venuë elle a eſté entieremêt guarie, & par la vertu de voſtre preſence, elle a iecté du tout ce venin, preſence qui luy a ſeruy de purgation ſalutaire. Apres les grandes maladies telles purgatiõs ſont neceſſaires. On remarque en l'hiſtoire Grecque, comme autresfois à Athenes , l'on ne tiroit en mer les deux galleres qu'ils appelloiêt, *Salamine & Paralos*, ſelõ Plutarque, que pour grandes & vrgentes neceſſitez : Tout de meſme nous pouuons dire de voſtre Majeſté, S I R E , que vous n'auez entré en voſtre Prouince de Bretagne , qu'en vne extreme neceſſité, & lors qu'elle n'en pouuoit plus, non que l'õ vueille dire que voſtre Majeſté ait accouſtumé de ſe tenir comme l'ancre ſacré au coing du vaiſſeau de la Republique, lors qu'il eſt agité d'orages & de tempeſtes, mais cõme vn bon patron, & bien experimenté pilote au gouuernement du vaiſſeau : vous mettez touſiours le premier la main au gouuernail, afin d'occaſiõner les autres à voſtre exemple de faire le ſemblable. Le ſoleil n'attend point d'eſtre prié pour departir ſes rayons , & vous à ſon imitation , venez & paroiſſez auſſi toſt que vous cognoiſſez la neceſſité de vos ſubiects, *vt bene facias & ſponte beneficia conferas.* Vous eſtes dõcques venu en perſonne, pour iecter l'ancre ſacré, & pour accoiſer la têpeſte, & rêdre la mer bonace, le port aſſeuré, & vn calme tant deſiré en ceſte Prouince. Il ne faut plus craindre que le vaiſſeau ſoit emporté par les vents de rebellion , & qu'il coure hazard de peril , comme autresfois, puis que vous luy ſeruez de pilote, de conducteur , & de fanal pour le conduire en toute ſeureté. Les Philoſophes & Naturaliſtes, qui ont eſcrit les proprietez du Dauphin, diſent qu'il a de couſtume de s'attacher au vaiſſeau, lors qu'il le void agité d'orages & de tempeſtes, afin qu'il ne puiſſe eſtre emporté par la violence des vents : vous auez plus faict que ce poiſſon, car non ſeulemêt vous auez affermy ce vaiſ-

seau encores branlãt de la Republique Françoise, mais vous
auez acoifé la mer, vous l'auez applanie & arrefté par voftre
venuë, & rendu fans vents, fans vagues & fans pluie, comme à la venuë des Alcions: vous auez diffipé ces nuages qui
nous menaçoient de quelque fort temps, & de nouuelles
tempeftes. Mais vous auez donné heureufement le iour à
noftre liberté premiere. Qui ne feroit eftonné, confiderant
que vos ennemis mefmes n'ont fi toft fçeu voftre refolution
de venir en voftre Prouince, pour la deliurer d'oppreffion,
qu'ils n'ayent efté faifis de frayeur & de crainte, & de telle
forte que cela feul les a faict entrer iufques au centre de leur
deuoir, pour ne f'opiniaftrer côtre la volôté, & la raifon, qui
a toufiours accompagné vos actions? Ils ont doncques entré en la confideration de leur condition, & de celle de vos
fidelles fubiects, & ont penfé auecques cet ancien pere de
l'Eglife, Leon le grand, qu'en continuant leur rebellion &
defobeiffance, il falloit neceffairement dire, *plagæ noftra re-
media illorum, fi curatione noftrarum vulnerum vulnerentur.* Ils
ont doncques eftimé que noftre fecours eftoit leur ruine,
c'eft ce qui les a faict recourir à voftre doulceur & clemence, & fe remettre derechef en voftre obeiffance. Il faut recognoiftre que nos plaintes ont efté importunes pendant
la vehemence de noftre mal, & lors des fafcheux accés de
noftre fieure, & que fouuent l'on a demandé & recherché
des remedes & du fecours : mais nous y auons efté con-
traints, & de nous douloir à voftre Majefté, nous voyant ac-
cablez de miferes, & eflongnez de fecours, *tot enim profcrip-
tiones vidimus ob diuitias, tot cruciatus virorum & mulierum, tot
vaftatas vrbes fuga & cædibus ciuium, tot miferorum bona quafi
hoftiles prædas venum, aut dono dotas.* Noftre douleur eftoit
grande, & nos miferes infupportables. C'euft efté trop d'ini-
uftice de fouffrir tant de vifues atteintes, & tant de pointes
de mal, fans que la douleur euft eu la liberté de fe plaindre,
& d'en demãder raifon, & fans qu'il luy fuft permis de cher-
cher & demander le fecours, & le remede propre & conue-
nable pour adoucir vn fi grand mal. Nous pouuons bien dire auecques verité & fans diffimulation, que fouuent nous
n'auons eu que les larmes & les foibles foufpirs, pour defcharger

charger par nos cris pitoyables les hocquets reſerrez , &
qui preſſoient de telle ſorte le cœur, que nous eſtions contrainéts de diſſimuler & de cacher d'vn mortel ſilence , le
ſentiment de tant de maux. Touſiours aux guerres ciuiles,
ſelon le dire de ſainét Auguſtin, *Nec iure culpantur , nocendi
cupiditas,vlciſcendi crudelitas , feritas rebellendi & libido domi-
nandi.* Nous l'auons experimenté à noſtre grand malheur,
& en auons reſſenty des effeéts, & de tout ce qui pouuoit
eſtre excogité par des hommes malicieux & ſans conſcien-
ce: *Sed tacenda ſunt fortunæ damna ne ſera conſultatio ſcindat
præteriti doloris cicatricẽ,*cõme diſoit Symmaque.Ce n'eſt pas
pour nous plaindre d'auoir tant paty & ſouffert, puis que
nos offenſes auoiét morité vn plus rude chaſtiment.Le Medecin quelquesfois picque l'œil pour luy faire recouurer la
veuë , ainſi ce grand Dieu penetre nos cœurs de poignan-
tes afflictiõs,pour nous rendre la clarté de nos eſprits. Touſiours il nous faut reſoudre à ſa ſainéte volonté:*Virtus pericu-
lorum expers neque terra,neque mari pretioſa eſt,*ſelon le dire de
Pindare. Le Philoſophe Zenõ ſouloit dire que le iour qu'il
fit naufrage,il auoit les vents merueilleuſèmét fauorables,
par ce qu'ayant tout perdu,il ſeſtoit ietté au port de la phi-
loſophie, où il paſſa doucement le reſte de ſes iours. C'eſt
pour nous monſtrer qu'il faut porter patiemment toutes
pertes & aduerſitez que nous receuons, & tous les maux
que nous endurons, ſans nous en eſmouuoir, n'aimant les
choſes que pour telles qu'elles ſont. En fin voſtre Majeſté
eſmeuë de l'importunité de nos plaintes,& encores dauantage du deſir de nous pacifier tous, portée auſſi d'vne ardé-
te affeétion, de ſoulager ſes pauures ſubieéts, & de les redi-
mer de tant de miſeres par la douceur, elle ſeſt acheminee
à ceſte intention,de nous retirer tous de ceſte oppreſſion.Il
eſt vray que vous eſtes venu en armes cõme vn autre Man-
lius , pour crainte & terreur à vos ennemis, leſquels n'ont
point eu aſſeurance de vous attendre, recognoiſſant voſtre
valeur & voſtre courage inuincible. Ils vous ont veritablement preuenu par vne autre voye, par le moyen de laquelle vous eſtes facilement vaincu,ils ſe ſont ſoubmis à voſtre
douceur & clemence , & ne pouuoient faire choſe plus à

F

propos pour eux, ne recherchant de voſtre naturelle bonté, qu'vne abolition des faultes paſſees, *Superuacua eſt clemẽtia, niſi poſt crimen, ſola hæc virtus inter innocentes ceſſat*, diſoit Seneque, ſur le ſubiect de la clemẽce: *ſed, vt medicinæ vſus apud ægros & canos honori eſt: ita clementiam innocentes colunt quamuis pæna digni non ſint.* C'eſt vne grande vertu à vn Roy, de pardonner & de remettre les offenſes qui luy ont eſté faictes. Ceſar eſt loüé pour ſa grande clemence, *Finitis ciuilibus bellis, Clemẽtiæ templũ, ei decretum fuit.* C'eſtoit en recognoiſſance de la grande douceur & clemence, dont il auoit vſé. C'eſt l'aimant qui attire ordinairement les cœurs de fer, & les plus endurcis des ſubiects, & qui les rend plus affectionnez à leur Prince. Plutarque rapporte en ſes Opuſcules, que Omonademus Gouuerneur de l'iſle de Chio, fut grandement loüé, pour auoir pardonné à tous ceux qui auoiẽt eſté autheurs d'vne grãde ſeditiõ, eſmeuë en ſon pays. Les Roys & Princes, & ceux auſquels Dieu a donné la charge pour commander aux autres, ne doiuent pas reſſembler aux exains des Abeilles, que l'on eſtime d'autant plus fructueux, qu'ils reſonnent d'auantage, & font plus de bruit: car la douceur & la clemence leur eſt treſ-neceſſaire pour renger & contenir vn chacun en ſon deuoir. *Principum enim ſæuitia bellum eſt*, diſoit Senecque, cela les rend odieux à tous, *naturale eſt odiſſe quem timeas.* La crainte ne reſpire & n'attend autre choſe que la haine. Ceſar pardonna à tous les Citoyens d'Alexandrie, apres les auoir pris par la force des armes. Sa bonté naturelle, & ſa douceur le porta à ceſte clemence, en faueur d'vn des habitans qu'il aymoit. Et voſtre Majeſté, S I R E, en contemplation de ceux qui vous ont fidellemẽt ſeruy & obey, & qui iamais n'ont eu la moindre penſee de ſe diſtraire & eſlongner de leur deuoir, a pardõné aux autres, ne leur diſant autre choſe, que ce que diſt vn iour l'Empereur Maximilian aux habitans de Bruges,

*——————————————— Sileo quæ plurima poſſem
In vos ferre viri; lachrymas, nec deprecor iſtas
Nec gemitus ſperno, nec tam pia verba præcantum.
Hanc vobis veniam damus, & miſer, & ſcimus vltrà
Quam deceat. Si veſtra velim non verba ſed ipſa*

Facta sequi, meritásque reposcere crimine pœnas.
Sed vos excusent fletus; si fraude doletis
Semota, ac verè scelerum vos pœnitet omnes,
Quod si per fraudes, si me per falsa mouetis
Gaudia, post magni præsentia Cæsaris arma,
Vltorem sperate Deum, mihi cædere regnis
Et vita quando volet, hæc fortuna placebit.
Sic breuiter fatus manibus leuat ipse iacentes.
Ac lætis iubet esse animis & parcere fletu.

Voftre Majefté venant en armes en voftre Prouince, a pris
le confeil de ce grand Capitaine Romain, qui difoit que
la paix ne fe faifoit iamais que les armes en main: *Bellum ostê-*
distis, pacem habebitis, difoit Tite Liue, *Videant vos paratos ad*
vim, ius ipsi remittent. Nos prieres importunes vous ont con-
uié à y venir, *& vt dares nobis pacem & patientiam, inuocauimus*
te, & tu cogitasti super nos cogitationes pacis & non afflictionis.
Vous n'eftes pas feulement venu pour nous qui fommes cô-
ftamment demeurez en noftre deuoir, & en voftre obeiffance, & qui auons mefprifé la perte & le degaft de nos biens,
pour ne nous eflongner de cefte diuine loy de refpect: mais
vous eftes auffi venu pour vos ennemis, & les noftres, qui
nous ont tant molefté & affligé, & auecques toutes les ri-
gueurs, cruautez & inhumanitez, que leurs efprits remuans
& alienez de tout bon fens & de raifon, ont peu excogiter à
noftre ruine, afin de nous reconcilier tous, & de nous donner la paix de vraye vnion & concorde, qui ne peut venir
que du Tout-puiffant, & de fa diuine bonté: *Cum victoriam*
prope in manibus haberes, pacem non abnuisti, vt scirent omnes te
suscipere bellum & finire. C'eft vn acte d'vn grád chef de guerre, mais des effects de la prudence d'vn tref-grand Monarque, *nemo nisi victor*, difoit Ciceron, *bellum pace mutauit.* C'eft
l'ordinaire des autres Capitaines, mais voftre Maiefté a
faict quelque chofe de plus, en confideration de nos miferes: car ayant diffipé tant de Dominations & Principautez,
& comme vn autre Hercule vaincu tant de monftres in-
fernaux, de rebellion, de reuolte, & de feditió: elle a recherché les moyens, non feulement de nous tirer de l'oppreffió,
mais auffi de nous ofter & faire perdre le fouuenir & la me-

moire du iufte reffentimēt de nos miferes. Vous auez penfé, SIRE, & eft vray que *omnia funt in bellis ciuilibus mifera, fed
nihil miferius quàm ipfa victoria.* Vous n'auez point vfé pour
cefte confideration, de la rigueur, ny de la iufte feuerité des
loix, pour punir ceux qui fans voftre adueu, & fans permif-
fion auoient pris les armes, & contre leur Roy: c'eft vn traict
bien remarquable, & qui vous rendra recommandable à la
pofterité. Et à la verité en puniffant les autres, nous euffions
encores paty & fouffert: par ce qu'ils font nos concitoyens,
nos parens & nos alliez: *Non poteft,* difoit Tertulian à ce propos, *corpus de vnius membri vexatione lætum agere, cōdoleat vni-*
uerfum & ad remedium conlaboret neceffe eft. Ainfi auons nous
faict en procurant leur bien & leur contentement comme
le noftre, par voftre tant defiree venuë. Vous auez creu qu'il
y auoit plus de gloire à pardonner, qu'à punir ceux qui a-
uoient offenfé, le nombre en eft grand: & c'eft ce qui faict
paroiftre dauantage voftre bonté paternelle, en ramenant
par la douceur tous ceux qui f'eftoient eflongnez de leur
deuoir, *Intereft fereniſſimorū temporum, vt ficut omnibus in hac*
vita pofitis communis patria eft, fancti fpiritus, lux diei: ita clemen-
tiam maximi principis fentiant vota & facta cunctorum. Toufiours les grands Capitaines ont efté de cefte opinion, que
bellorum funt egregyj fines, comme difoit Tacite, *quoties igno-*
fcendo trãfigitur. Car la rigueur eft fort mal feante aux grãds
Princes, puis que cela les peut rendre odieux, & leur conci-
lier quelque mal-talēt de ceux qui par la douceur fe foubmettent à tout deuoir d'obeïffance & de refpect. Et tout
ainfi que *Præcifæ arbores plurimis ramis repullulant, & multa*
fatorum genera vt denfiora furgant, refcinduntur, difoit le Philofophe Seneque: *ita regia crudelitas anget inimicorum nume-*
rum tollendo parentes, dum liberi eorum qui interfecti funt propin-
qui & amici in locum fingulorum fuccedunt. Nous ferions donques bien mal aduifez de murmurer de la grace & faueur
que voftre Majefté faict à ceux qui f'eftoient inconfideré-
mēt retirez de voftre obeïffance, puis que vous l'auez ainfi
voulu, ce feroit vne impieté de le trouuer mauuais, & cefte
douce & benigne reconciliation. Il vaut bien mieux pardonner à ceux qui fe foubmettent, qu'en les traictant à la

rigueur,&selon leur merite,les rengera quelque desespoir.
Grauißimi sunt, disoit Saluste, *morsus irritate necessitatis.*Et
Tacite en ses Annales,*Vicit ratio parcendi ne sublata spe veniæ
pertinacia accenderentur.* La vertu plus recommandable en
vn grand Roy,c'est la clemence, & la douceur, & la facili-
té de pardôner.Le PoëteClaudian nous le faict voir quand
il dit,

> *Principio magna custos clementia mundi*
> *Hæc dea pro templis & thure calentibus aris*
> *Te fruetur, posuitque suas hoc pectore sedes.*

C'est pourquoy vn ancien disoit, parlant de ceste diuine
vertu, *Qui benignitate & clementia imperium temperauère, his
candida & læta omnia fuisse, hostes etiam æquiores quã alij ciues.*
Aussi faut-il recognoistre auecques Seneque, qu'il n'y a riê
plus eslongné des Princes souuerains,que la seuerité, *Principi nõ minus turpia sunt multa supplicia, quã multa funera Me-
dico.*Si donques vn Monarque se veut rêdre digne de commander, & commander heureusement & rendre son nom
recommandable à la posterité, il doit suiure le conseil du
Poëte Claudian,

> *Sis pius in primis, nam cùm vincamur in omni*
> *Munere, sola deos æquat clementia nobis.*

Il n'y a rien qui conserue dauantage la sacree Majesté des
Roys, que ceste vertu de clemence.Le Poëte Seneque en
l'vne de ses Tragedies,disoit à ce propos,

> *Ferrum tuetur principem*
> *Melius fides.*

Ceste vertu est née auecques vostre Majesté, & n'en peut
estre ostee ny separee, vous le faictes voir souuent, en par-
donnant aussi facilement à ceux qui vous ont offensé, que
temerairement ils ont esté portez par leur malice, à vous
donner du mécontentement. C'est vne chose naturelle de
haïr ce que l'on craint,& qui nous a procuré quelque mal,
vous faictes tout au contraire, puis qu'à vos ennemis vous
faictes de la grace, & les traictez si doucemêt,il est aussi biê
seant à vn grand Roy d'en vser de mesme, & de remettre
l'offense qui luy est faicte.*Summum ius, summa iniuria.* Vous
en vsez tout autrement, & vous rauissez vn chacun en ad-

miration, quand ils penſent en voſtre grande bonté & ex-
cellence, qui eſt accompagnee de pluſieurs autres vertus,
qui vous font eſtimer entre tous les Monarques de la terre.
Si on vouloit les repreſenter en particulier, ce ſeroit choſe
facile, mais digne d'admiration, & d'vne grande ſuitte de
diſcours: il ſuffira d'en toucher brieuement, auecques vos
autres perfections, & de dire apres le Poëte,

Forma nitens animúſque ſagax, manus impigra, ſolers
Conſilijs, bellóque ferox & pace modeſtus.
Mente ſenex, ætate puer, prudentia rerum
Certus amor, robuſta fides, conſtantia mentis
Nec frangenda malis, nec ſubtollenda ſecundis:
Laudis amans, largitor opum, crudelibus atrox,
Tranquillus, placidus, ferus, indomitúſque ſuperbis,
Supplicibus facilis, iuſtus, pius, impius hoſti,
Fortis ad inſtantes caſus, prudénſque futuri,
Præteritéque memor.

Et adiouſte par apres le meſme Poëte, pour monſtrer que le
regne & l'Empire eſt heureux, de ceux qui ſont doüez de
telles vertus & de ſes rares perfections,

Hæc ſunt ô proceres, hæc ſunt quæ regna tueri
Ac munire ſolent: his artibus infima creſcunt,
Maxima ſeruantur.

S'il ſe trouuoit quelqu'vn d'vne humeur ſi eſtrange, & ſi deſireux de voir toutes choſes diſpoſees à la rigueur, que de
murmurer contre voſtre clemence & douceur, on luy diroit auecques Ciceron, qu'il n'y a rien plus digne d'vn grãd
Roy, *Quàm opẽ ferre ſupplicãtibus, excitare afflictos, ſalutẽ dare,*
& liberare periculis homines. On fermeroit aiſémẽt la bouche,
à ce ialoux & enuieux de voſtre gloire, & à propos de ceſte
diuine reconciliation que vous auez faict auecques ceux
qui ſ'eſtoient eſlongnez de leur deuoir, luy diſant, *nulla eſt*
imperij tanta vis, quæ præmente metu poßit eſſe diuturna, & auecques Seneque, en ſa Thebaïde,

Qui vult amari languida regnet manu.

Le bon Prince croit qu'il eſt plus honneſte, *Beneficiorum quã*
trophæorum memoriam relinquere. Pluſieurs au contraire dirõt
auecques Tertulian, *bonum eſt cùm puniuntur nocentes, quis*

hoc negabit?nisi noces. Et auec Arnobe, *Aduersus gētes:Crescit*
multitudo peccantium,cùm redimendi peccati facilis spes datur,&
facilè itur ad culpas, vbi est venalis innocentium gratia. Et auec
le grãd Leon Pape,*Cauēdũ est magis sedatis turpitudinibus.* Et
à la verité les experimētez Medecins font souuent essay de
ceste verité,*In corporib. enim ægris, nihil quod nociturũ sit relin-*
quunt. On diroit volontiers le semblable pour ceux qui ont
esté infectez du vice de rebelliõ,& de desobeïssance.*Quid-*
*quid obstat imperio,rescindendũ est,*cõme disoit Quinte Curce,
en la vie de son Alexãdre.Les Naturalistes tiennent que les
serpēs pour estre engourdis du froid, ne perdēt pas leur venin. Ainsi pourroient dire les Politiques,que les ambitieux
ne perdent pas leur volonté de mal-faire, pour auoir esté
preuenus, auparauant que de pouuoir executer ce qu'ils a-
uoient inconsideremēt proiecté. On dira qu'ils ne font que
temporiser & couurir souz vne malicieuse faintise le froid
de leurs cœurs glacez, en attendant vn nouueau feu d'am-
bitiõ rechauffé par quelque nouueau pretexte,ce qui sem-
bloit estre estouffé &esteint.Mais à tout cela il est aisé de sa-
tisfaire par bonnes & viues raisons, *Melius est sanare*, disoit
Seneque, *vitiosas partes,quàm exsecare.* Le bon Medecin ne
craint pas de retrancher le membre infecté de gangrene,
parce qu'il est incurable,*& sectionem postulat:* mais pour vne
simple maladie, encores quelle dõnast de facheuses atteintes aux esprits,*sedato dolore, leniētia medicamēta solet adhibere,*
ne malum latius serpet. Vn anciē Historien,en son histoire de
Dãnemarch,disoit à ce propos,*Omnis animaduersio nõ ad eius*
*vtilitatē qui punit,sed ad Reipublicæ cõmodum referri debet.*C'est
pourquoy l'on tiēt, & Cicerõ a esté de ceste mesme opiniõ,
que *Benigni principis est ad clemētiæ cõmodum,interdũ transilire*
terminos æquitatis,quãdo sola misericordia cui omnes virtutes ce-
*dere honorabile est,nõ recusant.*Pline en son Panygeric, cõseil-
loit à Trajã Empereur, *vt ita cum suis ciuibus quasi parens cũ li-*
beris viueret,nec reuerentiã terrore nec amorē humilitate captaret.
D'autãt que selõ le dire de Seneque,*remißius imperāti melius*
paretur. Vn autre disoit aussi que par leurs moyens les subiects estoient retenus en leur deuoir, *Iure & amore prouinciæ*
*retinentur.*Si doncques vn Monarque veut estre obey, che-

ry,& honoré,il faut qu'il face ce que dit le Poëte Tragique.

> *Consulere patriæ,*
> *Parcere afflictis,*
> *Færa cæde abstinere*
> *Tempus atque iræ dare*
> *Orbi quietem,*
> *Sæculo pacem suo:*
> *Hæc summa virtus*
> *Petitur hac cælum via.*

Et en somme on pourroit leur dire encores auecques le Pere Nazianzene, *ex vipera etiam , medicamenta quædam theriacalia temperantur ad salutem.* S'il y a eu des subiects desobeissans,l'on espere que le reproche qu'ils en ont receu,&la tache dont ils ont esté honteusement marquez, comme rebelles , leur seruira pour les retenir & contenir en leur deuoir à l'aduenir,& pour les rendre d'autant plus affectiõnez à vostre Majesté, qu'ils ont receu de douceur de vostre grãde patience , & de vostre bonté. Il ne faut doncques point que l'on murmure de ceste douce reconciliation, & de ceste reünion & consolidation des membres auecques leur chef,des parties auecques leur tout.Mal-aduisez sont ceux là qui se formalisent de leur bon-heur,d'auoir trouué & experimenté vn Roy si doux, si clement,si facile,si debonnaite, si accessible , & qui a esté aussi prompt à pardonner que l'on a esté temeraire à l'offenser. Il est bien raisonnable disoit le Poëte Horace,

> *Æquum est de peccatis veniam poscentem*
> *Reddere rursus.*

Et Claudian,

> *En adsum & veniam confessus crimina posco.*

Vostre Majesté leur a pardõné, mais pourquoy?parce qu'ils auoient failly , & qu'ils s'estoient retirez de son obeissance, pour se submettre à la tyrannie & domination des rebelles. Il se peut faire que leur ignorance les a porté sans y penser à la reuolte,ou l'esperáce de quelque vtilité & profict , tousiours ils portent la peine de leur temerité, estans recogneuz tels qu'ils ont esté.Nous auons pour le moins cest aduantage sur eux, d'estre recogneuz pour fidelles subiects, & pour

auoir

auoir constammét demeuré en nostre deuoir, sans que l'on
nous puisse rié improperer. Si nous auons souffert despertes
par telles reuoltes & rebellions, & par les rauages, rançons
& saisies, c'est sans en auoir donné subiect: ce ne sont aurreste
que biens de fortune, dont l'on ne doit plus plaindre la perte, ny se penetrer de douleur, puis que nous receuons tant
de bon-heur & de contentement de ceste douce reconciliation. Ces biens estoient comme nuages qui nous empes-
choient de voir le ciel, & de recognoistre nostre infirmité &
bassesse, *vt aurum ignibus, sic nos discriminibus arguimur.* Le
souuenir en tous cas de telles pertes nous seruira de patience pour l'aduenir, s'il en arriue quelques autres, & par nous
mesmes. Il faut que ceste reconciliation r'allie nos esprits,
qu'elle r'assemble & reünie les parties de ce corps des-vni,
& qu'elle agéce si bien toutes choses, que sa premiere beau-
té luy soit renduë, la difformité chassee, & qu'il n'y demeure
cy apres aucune difformité. Il faut que desormais toutes les
volontez si long temps alienees, soient reünies & retenuës
par vn sáinct lien de paix & d'amitié. Dieu en est l'autheur,
& de l'vnion & concorde. Il ne faut plus se souuenir de tant
de calamitez & d'oppressions, de tant de maux & de calamitez souffertes par le temps de neuf ans, puis que vostre
Majesté nous a apporté l'amnistie & la loy d'oubliéce, pour
la receuoir & garder. Vne chose disoit Arnobe, *duas res sibi*
contrarias efficere non potest, memoriam scilicet aliorum sopire, &
alia pati in actoris recordationem. Et si d'auéture il nous venoit
quelque ressentiment de nos pertes, & vn souuenir des choses passees, ce n'est point nostre intétion de prendre & d'in-
terpreter autrement cela, que pour vn aduertissement de
loüer Dieu de nous auoir retiré d'vne miserable subiection,
Eorum qui nihil experti sunt nulla est memoria. Celuy qui a tousiours vescu à son aise, ne sçait que c'est des affaires du monde, & que de souffrir, & se laisse aller aux premieres atteintes
de la fortune. C'est pourquoy Pindare disoit que la vie de
l'homme ne pouuoit estre heureuse, si elle estoit exempte
d'ennuis & de dangers. Considerant doncques que nous
sommes tous concitoyés, parens, alliez & amis, tous viuans
sous vne mesme loy, souz mesme Roy, & ioüissans de mes-

G

mes droicts, nous deuons de mesme affection embrasser ceste loy de recõciliation. Demosthene disoit en la 4. oraison
contre Philip. que: *vt vniuscuiusq; nostrũ aliquis est parens sic to-*
tius ciuitatis ciues omnes, parentes communes æstimare oportet &
decet, non ex his solùm quæ ciuitas donat quidquam adimere: imò
vero si nihil horum esset aliunde prospicere ne vllius rei indigentes
contemnerentur. Si nous desirons d'estre remarquez de quelque notable difference, il ne faut que considerer que l'on
ne pardonne qu'à ceux qui ont offensé : *Innocentia vera est*
quæ nec sibi nec alteri nocet. Ceux qui sont demeurez en vostre
obeissance n'ont pas besoing de telles remises. Et c'est la
marque que nous desirõs laisser à nos successeurs, afin qu'ils
facent le semblable: *facile est imperium in bonis.* Les autres qui
foruoyent, meritent d'estre r'adressez, c'est la cause de l'amnistie, ou pour mieux dire, de l'abolition, qui leur estoit à la
verité necessaire, l'ayant aussi demandee & recherchee. Si
on en estimoit ceux qui ont suiuy les rebelles, & faict party
à part sous le beau pretexte de religion, plus pieux, plus retenus, & plus gens de biẽ que nous: ce seroit vn subiect pour
nous de murmurer, non toutesfois que noº veillons nous
douloir & plaindre de la grace qui leur a esté faicte: la grace
presuppose tousiours l'offense. Mais ils ne le pẽsent pas, puis
qu'ils sont tous honteux de leur desobeissance, & de leur
obstination qu'ils ont eu & faict paroistre contre vostre seruice. Ceste honte ne les a pas empesché, apres auoir recogneu leur faute, d'en rechercher la grace, & vne abolition
generale de tout ce qui s'estoit passé pendant les troubles.
Vous leur auez tout pardõné, & l'auez voulu le tesmoigner
par vn Edict d'amnistie & d'oubliance, Edict qui porte le
nom de paix à la honte de ceux qui auoient porté les armes
contre vostre Majesté. Tout ce que nous pouuons dõcques
desirer c'est d'estre censez & reputez fidelles seruiteurs, &
tres-obeissans subiects de vostre Majesté, & que la posterité ne nous estime point participans aux fautes des autres.
Nous sommes si contens, & tellement edifiez de vostre venuë, tant desiree en vostre Prouince de Bretagne, qu'il n'y a
rien qui nous puisse empescher de dire que la memoire de
nos miseres a esté aussi tost esteincte, que vous auez faict la

premiere démarche pour no⁹ venir voir : mais aussi tost que
vous auez pris la resolution de le faire , pour nous apporter
la paix , nous en auons eu vne telle ioye, qu'il ne seroit pas
possible de l'exprimer, *absolutorum laborum optimus est medicus
lætitia*, disoit Pindare: nous croyons que nos miseres ne font
plus , & que toutes nos mauuaises humeurs font consom-
mees ; ce font les effects de la paix, qui nous ont causé ceste
allegresse.

Pax optima rerum,
Quas homini nouisse datum est, pax vna triumphis,
Pax custodire salutem
Et ciues æquare potens.

Vostre Majesté, S I R E , ne pouuoit pas nous donner vn remede plus propre pour nous oster le mauuais goust , & l'a-
mertume que nous auions de nos miseres & de nos souffrâ-
ces, que la paix, qui nous en faict perdre le souuenir, & nous
oste l'apprehension de tant d'accés redoublez de nostre fieure ardente, *pacem contemnentes*, disoit S. Bernard , *& gloriam
appetentes, pacem perdunt & gloriam.* Nous n'en prenons autre
gloire que pour le bon heur de la reconcilation d'vn grand
Roy auecques ses subiects: Et sommes resolus que lors qu'il
nous prendra quelque souuenir des pertes receuës , & des
miseres passees , de nous seruir , comme d'vn Antidote, du
nom de paix, pour en adoucir la memoire , *vita quæ agitur in
pace post bellum fit dulcior, reddita tristibus narrationibus*, disoit
autresfois sur le mesme subiect, Gregoire de Nice. Et de
vray on tient auecques ce Pere de l'Eglise, que *sanitas maio-
ri afficit dulcedine nostros sensus, si ex tristi aliqua ægritudine ad
se redeat natura.* Si on demandoit à quelqu'vn, ce qu'il pense
de la paix, quand elle seroit encores à venir , il respondroit
aussi tost auecque Synese, s'il n'estoit ennemy de soy-mesme, ou enyuré d'vn si grand bien , *Quanti hoc existimem ? vt
rursus pacem videam, & tribunal ornatum & præconem silentium
imperantem , vtinam statim morerer, vbi primùm figuram patria
receperit*: C'est vn bon & pieux souhait du citoyen desireux
du bon-heur de sa patrie. Celuy là qui void vn si soudain
changement transporté d'aise & de contentemét, penseroit
en voyant encores la paix , renaistre en son bon-heur, & ve-

G ij

nir comme en vn nouueau monde exempt de miseres, & iu-
geroit sa condition d’autant plus heureuse qu’il pésoit estre
hors d’esperance de pouuoir sortir de tant de maux, & de
voir encores vne fois le calme apres de si grandes tempestes
& orages. *Reddidit tandem potentia diuina conditionem facilem
quæ erat præter spem & fidē*, disoit Pindare en son Olimpiade.
Ce changemét est grād, de la guerre en la paix, & des miseres & oppressions au contentemét, & de la seruitude en vne
plaine liberté. Auparauant on ne voyoit & entendoit, *quàm
gemitus plebis quàm lachrymas continuas per singulas domos, omnibus qui patiebantur inter se complorantibus, quàm sonitus la-
mentantium in ciuitatibus, sonitus in agris in vijs, in solitudinibus.
Vox vna est omnium miseranda*, disoit ce grand Basile Euesque
de Cesaree, *& tristia loquentium, sublatum gaudium, & in luctū
mutatæ festiuitates nostræ*. Et maintenāt à la venuë de la paix
tant desiree, par son ioyeux aduenemét, qui ne seroit esmeu
en soy mesme, & qui ne diroit en sauourant la douceur de
ceste bien-venuë auecques Nazianzene, *pax amica & re &
nomine ipse suauis & iucunda quàm nunc populo datam, modo sin-
ceram & fuci expertem : pax si vera publico pacto, Deo teste bella
abrogans : pax amica meditatio mea, decus meum: vbi nam tanto
temporis spatio nos reliquistis, equidem nos te supra mortales ex-
petitam amplectimur eo animi affectu, vt nec patriarcha ille Ioseph
paribus vnquam luctibus lachrymisque Iosephum deperditum & à
fratribus diuenditum & vt ipsi videbatur à fera ereptum & lania-
tum.* Nous pouuons doncques dire à ceste heureuse venuë
de la paix, en signe d’allegresse, & auecques le mesme Pere,
*linguam meam soluit alacritas, & sermonem libentißimum dono
paci offero: nam cùm prius à nobis seditiosè membra nostra dissenti-
rent, & corpus istud sic diuisum esset & dissectum, vt officium no-
strorum dißipatio, inferni penè dißipationem excederet.* Et pouuons encores dire auecques Virgile au second de son Æ-
neide,

   Nulla salus bello, pacem te poscimus omnes.
Nous oublions volontiers à vostre venuë la memoire de nos
miseres: car comme disoit Pindare selon la version, *Inuisum
malum, gaudio bonorū oppressum emoritur.* La guerre nous auoit
apporté beaucoup d’incommoditez & de pertes, la ruine

aux vns, & la mort aux autres: & somme, tous les malheurs
qu'elle traine ordinairemēt apres elle, & dont faict mention
le Poëte Lucain parlant des guerres ciuiles.

Nobilitas cum plebe perÿt latéque vagatur,
En sis, & à nullo reuocatum est pectore ferrum
Stat cruor ne templis, multa rubentia cæde
Lubrica saxa madent: nulli sua prosunt ætas
Non senis extremum piguit feruentibus annis
Præcipitasse diem, nec primo in limine vitæ
Infantis miseri nascentia rumpere fata.

Les horreurs & les cruautez que nous auons veu & expe-
rimentez, nous doiuent bien faire détester la guerre, où il
n'y a que malheurs, que confusion & desordre, *vbi arma, vbi*
ferrum, vbi tuba sonans, falāges hastis inhorrescentes & scutis, v-
bi gallea, vbi cōflictus, cædes, fugæ gemitus, vllatus, vbi terra san-
guine madet, mortui cōculcantur, saucÿ relinquuntur, atque omnia
experta quæcumque in aspero bello potest accidere. La paix au cō-
traire nous apporte tout contentement, & nous faict perdre
la memoire de nos miseres, & des choses passees. *Vt enim su-*
peruenienté sanitate morbus euanescit, ac luce apparente tenebræ
nō relinquuntur: ita cùm pax apparuit soluuntur omnia quæ ex cō-
trario conflantur incommoda, comme disoit Nazianzene. La
paix n'est autre chose qu'vne reünion de volontez symboli-
sant ensemble, qu'vne affection mutuelle & reciproque cō-
ioincta par vn estroict lien d'amitié, & qu'vne charité & di-
lection, *aduersus popularem & proximum,* comme disoit vn ancien Pere de l'Eglise, & Gregoire de Nice. *Quid pax nisi ad-*
uersus odium, iram excādescentiam, inuidiam, tenacem iniuriarū
memariam, simulationem, clades & calamitates belli, quasi præmu-
niens remedium? Nous deuons doncques à iuste occasiō esti-
mer heureux le iour qui nous à esclos vn si grand bien, &
auons bon subiect de dire auecques le Prophete Royal Dauid: *Hæc est dies quam fecit Dominus exultemus & lætemur in*
ea. Dieu est l'autheur de toutes choses, & le Createur:
c'est luy seul qui les dispose selon sa bonté & sagesse incomprehensible, c'est luy qui par son auctorité & puissance souueraine, regist & gouuerne ce monde, l'anime & le faict subsister par sa prudence: c'est luy qui faict voir sa prouidence

iufques àla moindre partie des chofes creées, c'eſt luy qui a
faict les elemens, ordonné les temps, les ſaiſons, les mois, &
les iours, & lẽs heures, pour eſtre employez en la conſideration de ſes merueilles, & pour ſa gloire. Il n'a rien eſté faict &
ouuré par ſa toute puiſſance, qu'il ne ſoit bon & parfaict en
ſa creation : & neantmoins quelques vns ont voulu faire
croire qu'il ſe rencõtroit des iours plus heureux les vns que
les autres, qui ſemble eſtre vne impieté de le dire & penſer:
& toutesfois ſi l'on conſidere que le bon-heur de ſa diuine
grace eſt arriué pluſtoſt àvn iour qu'à l'autre, ce bon-heur le
peut bien faire dire & eſtimer heureux, comme il eſt lors
qu'il faict diſtiller ſur nous, la faueur de ſa grace & ſes bene-
dictions: c'eſt pour en conſeruer la memoire, & pour luy en
rendre graces, en ſe ſouuenant de ſes grandes bontez &
de ſon amour. Autresfois les anciens, & peut eſtre trop ſuperſtitieux en leurs opinions, ont dit qu'il y auoit des iours
mal-heureux pour entreprendre quelques voyages & ne-
gotiations, ou quelque autre choſe de grande importance,
& autres heureuſes conſtellations. Mais de tout cela il ne
peut eſtre réduë d'autre raiſon, ſinon que les bõnes œuures
accompagnees de la grace de Dieu, rendent les iours heureux, & les autres malheureux, quãd l'on commet quelque
choſe contre ſa diuine volonté. Ils appelloient les iours *dies
faſtos, dies nefaſtos , dies albos , dies atros, lætos, ſtatos, candidos,
præliares, pandicularios, diffuſos, profeſtos, communicarios* , cõme
rapporte Aulus Gelle en ſes Nuicts Attic. Pline en ſon Hiſtoire: Budee ſur les Pãdectes: & Ouide en ſes Faſtes: C'eſtoit
pour deſigner quelque heureuſe rencõtre qui eſtoit arriuée
à ces iours là, oupour remémorer quelque deſaſtre qui y e-
ſtoit ſuruenu. C'eſt ce que veut dire Ouide.

--------------------------------*Omnibus iſtis*
   Ne falare cane, protinus ater erit.
Le Liryque diſoit auſſi ſur le meſme ſubiect,
   Craſſa ne careat pulchra dies nota.
   Parcite lachrymis, vrbis feſto letóque die.
Et Ouide au liu. 2. de *Triſtib.*
   Sed ſolet interdum fieri placabile numen
   Nube ſolet pulſa, candidus ire dies.

Et Tibule diſoit auſſi,

Venit poſt multos vna ſerena dies.

Si l'on veut faire quelque difference aux mois de l'an, &
aux iours, & que l'ō ait remarqué quelque meilleur ſuccés
aux vns qu'aux autres: l'on trouuera pour les plus curieux,
qu'au mois de Mars pluſieurs choſes ont fort heureuſement
ſuccedé. La paix entre les Romains & les Sabins, fut cōcluë
& arreſtee en ce mois, ſelon le rapport de Tite Liue, & de
Denis d'Halicarnaſſe, en ſes antiquitez. En ce mois, *Comitia
agebant Senatus & populus Romanus.* Au meſme mois *ignis
in aris Veſtalibus accendebatur. Ancilia arma Martis cœlo lapſa
Salÿ circumferebant.* Et en ce mois auſſi les Romains, *laureas
virides aridis mutabant : vectigalia locabantur.* En ce mois
les enfans d'Iſraël, *Siccis pedibus Iordanū pergreſſi ſunt: Paſcha
celebrabāt ob excuſſum Ægyptiorū iugum, & Feſtum Azymorum
per ſeptē dies continuos.* En ce mois l'ō ſolemniſoit la feſte des
marchans à Rome, comme rapporte Sextus Pompeius: *Pueri etiam virilem togam induebant,* ſelon Seruius ſur l'Æneide.
Ce fleau de Dieu Atilla mourut au meſme mois. Bref, en ce
mois pluſieurs choſes dignes d'eſtre remarquees ſont adue-
nuës. Et voſtre Majeſté, S I R E, au meſme mois a vaincu ſes
ennemis, pris & remis en ſon obeïſſance pluſieurs villes, &
pardonné à pluſieurs de ſes ſubiects rebelles & deuoyez.
Nous ne voulons eſtre ſi ſuperſtitieux ſelon le conſeil de
ſainct Ambroiſe, que de donner telle vertu aux mois, & aux
iours, ce que nous en diſons eſt ſeulement pour ſeruir de
memoire à la poſterité, des graces extraordinaires que Dieu
vous a faict, en la remiſe de vos ſubiects, en voſtre obeïſſance. En ce meſme mois vous nous auez apporté ce riche preſent de la paix, par la faueur du Ciel. En meſme tēps la paix
fut publiee entre le Roy Henry ſecond & Edoüard ſixieſme
Roy d'Angleterre, en l'an 1550. C'eſtoit en meſme temps
que les anciens Romains, ſelon le rapport de Plutarque, en
la vie de Numa, & de Tite-Liue en ſa ſecōde Decade, *Iano,
Cōcordia, Saluti & Paci ſacra faciebāt.* Mais en ce mois ce grād
Dieu ſe voulant reconcilier auecques nous, vint en ce mō-
de pour payer le prix de noſtre redemption, & en ce mois
il fiſt l'expiation de nos pechez, par l'effuſiō de ſon pretieux

fang,& par vne mort & paſſion treſ-douloureuſe. Vos pauures ſubiects ont dõcques bien occaſion de ſe reſioüir main-
tenant,& de faire demonſtration de leur grande ioye &alle-
greſſe au ioyeux aduenement de la paix, qu'ils ont tant de-
ſiree, & de rendre graces immortelles au Tres-haut, lequel
par ſa diuine bonté nous a faict voir vn rayon de ſa toute
puiſſance,nous rendant noſtre condition, pour parler auec
Pindare meilleure, qui ſembloit eſtre hors de toute eſperã-
ce. Noſtre mal eſtoit enraciné, noſtre maladie deſeſperee,
& ne pouuions attendre qu'vne prompte ruine : mais Dieu
nous voulãt faire cognoiſtre qu'il opere aux choſes les plus
deſeſperees,& qu'il a les remedes en ſa main toute puiſſan-
te, pour en vſer aux concurrances, ſelon ſa volonté,& qu'il
faut touſiours eſperer en ſa prouidence , & en ſes diuines
graces qui ne ſe doiuent meſurer, ny ſa toute puiſſance à la
balance trompeuſe & fallacieuſe du iugement humain, &
ſelon nos ſens,*Spes rerum aduerſarum patientiam ſuadet*,diſoit
Symmaque. Lors que moins nous eſperons de ſecours, il
nous en a eſté donné en vn moment , nous auons eſté tirez
d'vne miſerable captiuité, où nous penſions eſtre confinez
pour touſiours,& nous a oſté par voſtre entremiſe le joug de
noſtre ſeruitude,& nous a reünis en noſtre premiere liberté
& franchiſe. C'eſt par le moyẽ de la paix,qui chaſſe les deſordres & la confuſion. Nous auons doncques bien ſubiect
de redoubler nos prieres & nos vœux,pour voſtre proſperi-
té, S i r e, pour la conſeruation de voſtre perſonne, & pour
la manutentiõ de voſtre Eſtat. Les anciens nous en ont mõ-
ſtré l'exemple, Pline en ſon hiſtoire Naturelle dit que *ſole-
bant veteres aut pro Republica, aut pro ſalute principis vota facere
cum ingenti apparatu.* Autant en dit Ciceron, adiouſtant ces
mots,*etiam pro æternitate imperÿ & pro ſalute ciuium·* Tertuliã
in Apologetico,diſoit *ſine monitore precantes ſimus , ſẽper pro omnibus imperantibus:Illis vitam prolixam,imperium ſecurum, Do-
mum tutam, exercitus fortes,ſenatum fidelem , populum probum,
orbem quietum orantes: Et etiam pro miniſtris eorum, pro ſtatu ſeculi , & rerum quiete.* Nous ſerions bien mal-aduiſez, & ne
pourrions pas éuiter le reproche d'vne ſale & deshonneſte
ingratitude,ſi nous manquions en ce poinct,apres auoir receu

ceu tant de graces & de faueur de voftre Majefté, qui nous
peut conferuer & maintenir en paix, par fa prudence, nous
l'en fupplions tres-humblement, & de joindre fes deuotes
prieres, en difant auecques le Poëte,

Sit precor in populis pax, & concordia noſtris,
Vnus amor, ſincera fides, commercia tuta,
Obſequÿs noſtris ſtudÿſque fidelibus opto
Vti ſapè iuuet, rarò contingat egere
Auxilÿ, quoties aut res, aut tempus egebit
Viribus alterius, ſuffragia grata feramus
Spondemus cupidéque tuo ſacramus honori.
——————————*Ius arbitriumque iubendi*
Vt decet obtineas, mihi ſit parere neceſſe.

Le mefme Tertulian reprend aigremenr les fubiĉts, qui mã-
quét au deuoir de prier Dieu pour leur Roy & Prince fouuerain, *ſi Deos inquit, non colitis, & pro Imperatoribus ſacrificia nõ
impenditis, ſacrilegÿ & maieſtatis rei eſtis.* Et S. Paul en l'vne de
fes Epiſtres aux Corinthiés nous l'a auffi enfeigné, difant, *ro-
gate pro regibus & poteſtatibus, quinetiã & tranquillã vitã cũ illis
agatis.* Nous le promettons ainfi à voſtre Majefté, & le pro-
teſtons, & de viure, & mourir en la fidelité que nous vous
deuons, vous recognoiffant pour noftre Roy legitime, mais
pour le plus grand Roy & le plus accomply, & doüé de toutes les vertus dignes d'vn Monarque, qu'aucun autre qui
ait iamais porté fceptre. Vous eftes fage & valeureux, & qui
ne craignez point les approches de vos ennemis, quand il
eft queftion de faire cognoiftre voftre valeur.

Nec Princeps latebras, nec ſol deſiderat vmbras
Abſcondat Solem qui vult abſcondere Regem.

Vous eftes vaillant & redoutable, autant qu'aucun autre
Prince de la terre. Vous defirez le foulagement & la confer-
uation de vos fubieĉts, & eftes heritier & du nom, & de la
vertu, & des armes de vos anteceffeurs, qui ont efté la terreur de leurs ennemis. C'eft vous qui auez retiré du tõbeau
la gloire de ceux que ces miferables guerres ciuiles auoient
enclos & enfeuely dedans la ruine proieĉtee de ce Royaume de France, & qui auez efté ordonné de Dieu pour rele-
uer & redreffer les trophees de la vertu tant recommandee

H

des Frãçois à l'honneur de leurs nepueuz qui vous ont tou-
iours fidellemẽt feruis & affiftez. Le tẽps les auoit enterrees
dedans la confufion de ces miferables troubles,& quafi cõ-
fommees dans le feu de fedition fi fouuent rallumé à la ruine de vos pauures fubiects. C'eft vous qui auez efté enuoyé
pour faire reuerdir ce Lys & ces riches fleurons de voftre
couronne,& pour embellir voftre Diadefme d'vn milliõ de
victoires. Voftre Sceptre n'eft point à la façõ des autres, qui
portoiẽt au lieu plus eminent la reprefentation d'vne Aigle,
pour les rendre redoutables : Les marques honnorables du
voftre,denotent la pieté & la iuftice, pour vous faire recognoiftre que vous n'auez rien plus en recommãdation. On
peut doncques bié dire de vous,ce que difoit Synefius d'vn
grand Monarque de fon temps , vous eftes Roy & Roy inuincible,vous eftes infatigable , vous mettez le premier la
main à l'œuure,& ne vous logez point fur la retraitte, mais
au lieu plus hõnorable &hazardeux,pour conuier ceux qui
vous affiftent à ne craindre point, eftant accompagnez de
la fortune d'vn Cefar François. Vous ne faictes point de re-
ferue de voftre perfonne, comme d'vn ancre facré, pour la
neceffité de voftre Eftat: c'eft la grãde valeur qui à tout propos vous iecte au hazard,pour la cõferuation & deffenfe de
vos fubiects. On peut doncques bien dire de voftre Majefté, *Rege corporibus exercente , fub dio degente, in armis iuuentu-
tem exercente;* c'eft ce qui caufe tant de merueilles,& qui rẽd
fi recommãdable voftre Majefté: mais qui donne à plufieurs
fubiect d'admiration , voyant recognoiftre vos heroiques
faicts, *fic præfentium oculos in te connertis & in abfentium auribus
refonas.* Ceux qui entendent parler de voftre valeur,& ceux
qui ont cognoiffance de vos diuines vertus,font cõtraincts,
encores qu'ils foient eftrangers &barbares,de confeffer que
vous eftes digne d'eftre Monarque de tout l'vniuers, & d'y
commander fouuerainement. Et à la verité il femble que
Dieu vous a choify pour la deffenfe du nom Chreftien, &
de fon Eglife, de laquelle vous eftes le premier fils, & pour
faire garder fes faincts & diuins Commandemens. Il vous a
auffi ordonné pour venger les indignitez faictes à la France,
pour faire punir exemplairement les obftinez en leur rebel-

lion & felonnie, pour faire expirer tant de meſchancetez
commiſes, & tant d'abominations que la licence des armes
a rendu ſi frequentes. Il ne vous a pas donné tant de vertus
heroïques, pour autre ſubiect que pour en faire paroiſtre
des effects, au bien & ſoulagement de vos ſubiects. Il vous a
embelly, vous donnant à ceſte Monarchie Françoiſe, comme vn autre Soleil au mõde, pour illuminer des clairs rayõs
de voſtre vertu, vos ſubiects, & pour à voſtre exemple les
faire marcher droictement en leur deuoir, pour diſſiper les
nuages des vices, & pour oſter toute iniuſtice corruptible
& abbus, qui gaſtét ordinairemét l'Eſtat des Republiques.
Il vous a faict auſſi leuer ſur nous, comme vnnouuel aſtre,
afin de ſeruir d'adreſſe à tant de pauures deuoyez, & comme
vn autre Hercule pour deliurer la terre aſſiegee de tant de
monſtres hydeux & eſpouuentables, & vos ſubiects de la
tyrannie de tant de dominations vſurpees, & des exactions
& brigandages des ſanſuës de voſtre peuple, auquel il ne reſte à preſent que la parolle pour ſe plaindre. A vous nous
auons eu recours, & de vous auſſi toſt eu ſecours, comme
d'vn bon pere protecteur de ſes enfans, & deſireux de les tirer d'oppreſſion, vous eſtes venu en perſonne, & nous auez
auſſi toſt redimez. La preſence du medecin ne guariſt pas le
malade, mais la vertu des medicamens bien ordonnez : au
ſeul bruit de voſtre venuë, nous auons receu du ſoulagemét
en nos maux, & par la paix vne parfaicte guariſon. Nous
ſçauons bien, & il eſt vray, que vous auez ſouuent regretté
de ne pouuoir venir pour la neceſſité de vos autres affaires
importátes à voſtre Eſtat, afin de voir la criſe de noſtre mal,
mais en fin vous eſtes venu & aſſez à temps pour nous donner la ſanté, & nous combler de ioye & de contentement de
voſtre venuë, *venit poſt multos vna ſerena dies*, iour de paix &
de reconciliation. On ne parle plus de pertes & de miſeres,
mais de lieſſe & d'alegreſſe. Il ne reſte qu'vn point à demander à voſtre Majeſté, c'eſt d'eſtre recogneuz pour vos fidelles ſubiects, puis que nous ſommes touſiours demeurez en
noſtre deuoir. Cela n'épeſchera pas voſtre saincte reſolutiõ
qui eſt de regarder tous vos ſubiects d'vn bõ œil, & de la faueur de vos bõnes graces : Nous vous en ſuppliõs pour ceux

qui auroiét quelque hôte de s'estre eslongnez du respect &
de l'obeissance qu'ils vous deuoiét. Ne nous ostez pas à leur
occasion les Priuileges que vous nous auez confirmé, comme auoient faict vos predecesseurs: car cela nous feroit croire que vous auriez quelque ressentimét des choses passees,
& que l'on nous voudroit punir pour la faute que nous n'a-
uons pas faicte. Aussi qu'vn changemét de loix ne peut apporter qu'vn subiect de nouuelles plaintes, & vn renouuel-
lement de nos douleurs. On dict que Platon apprenant aux
ieunes gens de son temps la Musique, il leur deffendoit sur
tout l'harmonie Lydienne & la Phrigyéne: parce que l'vne
excitoit en l'ame vne affliction plaintiue & lamentable, &
l'autre augmentoit l'inclination à la volupté. Puis que vous
nous faictes auiourd'huy chanter vne musique d'accords
doux & gratieux, par le moyen de la paix que vous nous
auez apporté, ne permettez pas qu'apres vne hymne & vn
Cantique de ioye & de resiouïssance, nous chantions les re-
grets de nous voir plus mal traictez que nos predecesseurs,
qui vous ont obligé par leur fidelité à nous conseruer les
Droicts & Priuileges que vous leur auez inuiolablement
conseruez. Quelquesfois l'apprehension nous a saisy, & volontiers sans subiect, qu'il se fust trouué quelqu'vn si mal af-
fectionné au bien de vostre Prouince de Bretagne, si ialoux
& enuieux de son bon-heur, & de son repos, & si ennemy du
bié public, que de vous suader & dóner aduis de cháger les
anciénes loix & Droict du pays, & les Priuileges qui no⁹ ont
esté expressément reseruez, & depuis confirmez. Mais nous
auós telle côfiáce, en vostre bóté, que nous croyós que cela
leur seroit impossible, & de pouuoir rien faire à nostre pre-
iudice, qui ne peut estre sans le vostre: parce que vous ne desirez rié que ce qui est de la raison, & nous submettós tousiours à tout ce que vous desirez; *digna vox maiestate regnan-*
tis legibus alligatum se principem profiteri. vous diriez volótiers
à telles gés, *Ve vobis improbi qui veri copiam non facitis.* Ce sont
ces flateurs dont parle Tacite, *qui ita videntur compositi vt ex*
euentu rerum aduersa abnuant & prospera agnoscunt. Le Regne
& l'Empire du Roy est heureux, où il ne se trouue de tels As-
sesseurs, qui ayment mieux leur profict particulier que l'vti-

lité publique, & que le bon-heur de leur Prince,& la bien-
veillãce du peuple. C'eſt volontiers ce que vouloit dire Saluſte,*ita cõperi omnia regna,ciuitates,nationes,eorvſque,proſperũ
imperium habuiſſe,dum apud reges vera conſilia valerent: ſed vbi
gratia, timor, voluptas, ea corrupere, paulopoſt inimicitia, dein-
de ademptum imperium, ſeruitus poſtremò impoſita.* Mais le
conſeil de ceux doit eſtre pris & receu, qui ſont ſans
affection particuliere de leur profict, qui ſont ſans a-
nimoſité, & ſans mauuaiſe volonté : *Multos enim ſtimu-
lat priuati odÿ pertinacia in publicum exitium,* diſoit autresfois
Tacite.Ceux qui ne craignẽt point Dieu,& qui ſont pouſſez d'ambition & d'auarice, ne doiuent point eſtre admis
au conſeil des Princes: parce que leur conſeil ne peut eſtre
que ſemblable à leur humeur,& à leur inclination naturelle, *imperÿ moderatoribus pia & decora ſuadentes,*diſoit Symmaque, *inſtrumenta ſunt boni ſeculi.*Les flateurs & adulateurs ne
s'eſtudient point à celà, *Sunt enim animo varÿ, quod iuſtum
eſt,apud iuſtos laudant, apud iniuſtos vituperant more Polypodis
qui colorẽ reddit terræ quam attigerit* : mais ſur tout ils taſchẽt
de corrompre le bon naturel des Princes,& de rendre la iuſtice ſemblable à leur humeur,comme faiſoit Anaxarchus,
lequel voyant Alexandre receuoir du deſplaiſir,pour auoir
tué ſon intime amy Clitus, le vouloit conſoler, diſant qu'il
auoit biẽ faict,& que Dicé & Themis, eſtoiẽt aſſeſſeurs de
Iupiter:comme s'il euſt voulu dire, que tout ce qui plaiſoit
aux Roys & aux Monarques eſtoit iuſte. Il ſe trõpoit, voulant tromper le Prince,qui auoit autre reſentiment de vertu,que ce mauuais cõſeiller, *Simulata æquitas non eſt æquitas,
ſed duplex iniquitas,* diſoit ſainct Baſile. Les flateurs de De-
metrius en faiſoient bien autant, ne voulant pas que l'on
euſt appellé leur Prince ſouuerain du nom de Roy,qu'ils
penſoiẽt eſtre trop rabaiſſé,& la charge de regir vn peuple,
mais il falloit les nommer par leur nom, comme Zeleucus,
qui ſignifioit Capitaine des Elephans: Lyſimachus ,garde
des threſors: Agatocles Gouuerneur des Iſles: Ptolomee,
General de la mer,& ainſi des autres:Comme s'il euſt meri-
té ſeul le titre d'honneur & de grandeur, que l'on luy donnoit. Voſtre Majeſté, S I R E, mettant la main à l'œuure ſi

H iij

heureufement acheminé , prenant l'ancre & le gouuernail
de ce vaiffeau, qui a efté tant mal mené , & fi furieufement
agité des orages & tempeftes, & tant battu des vents cour-
roucez & efmeuz par la difcorde & diuifion : Nous efperõs
que ce grand Dieu, qui eft le Dieu des armees & le Dieu de
paix, rendra le refte de voftre regne heureux, & continuera
ceft heur en confideration de vos Royales vertus, à voftre
pofterité. Ne permettez plus de ligues & d'affemblees en
voftre Royaume, par ce qu'elles font toufiours fufpectes.
Les mefchans trouuent toufiours fubiect de mal faire,& ne
manquent iamais de fpecieux pretextes , pour commettre
leurs malicieux proiects, ne permettez point que les bonnes & fainctes loix foient alterees & chágees: mais commã-
dez qu'elles foient gardees & obferuees , *Nephas enim eft ea
quæ à multis feculis comprobata funt, temerè indicando mutare.*
Nous vous fuppliõs auffi de vouloir foulager voftre pauure peuple,& de le defcharger à l'aduenir de tant de daces,
d'empruſnts , & d'impofitions que le mal-heur du temps,la
neceffité des affaires , & l'auarice extreme de ceux qui a-
uoient pris & leué les armes cõtre voftre Eftat, ont produit
à la ruine de vos pauures fubiects,qui n'ont plus que la voix
pour fe plaindre,voix qui eft fort debile, & le refte de leurs
moyens fort petits , qu'ils ne craindront point d'employer,
& leur vie à voftre feruice. Leur plainte n'eft que pour l'aduenir , afin que tant de leuees de deniers,tant de reftes que
l'on pretend encores fur eux,ne foient continuees,& le bon
heur de la paix,rendu infructueux,*Magnum vectigal* , difoit
vn anciē,*magnum parit odium.* En foulageant voftre peuple,
voftre Eftat fera plus heureux,il fera plus affeuré,voftre Majefté mieux affiftee, & plus fidelement feruie,& vos pauures
fubiects redoublerõt leurs vœux & leurs prieres,vous reco-
gnoiftrõt apres Dieu,pour leur Pere,Protecteur,& Confer-
uateur de leur liberté,& diront auec Pline,ce qu'il difoit &
proteftoit à fon Prince,& Empereur Trajan, *Non te diftringi-*
mus votis,non enim pacem,non concordiam,non fecuritatĕ,non opes
oramus,non honores: fimplex ifta complexum vnum omnium vo-
tum eft falus principis.   Cela eft de noftre deuoir, de prier in-
ceffammĕt Dieu pour voftre profperité,& fanté, & pour la

conseruation & manutention de voftre Eftat, *Regis cura, di-*
foit Sinefe, *ad omnes pertinet, qui enim eius curam geßit id agit,*
vt omnes domos corrigat, omnes ciuitates, omnes gentes: Et vicinos
quos omnes oportet fieri participes Regis anima. Nous ferons
donques la mefme Oraifon que faifoit le peuple fidele
pour fon bõ Roy Dauid, rapportee au 19. de fes Pfeaumes,
& demanderons à Dieu, qu'il vous exauce au iour de tribu-
lation, que fon fainct nom vous foit en protection, pour le
deffédre. Qu'il fe fouuiéne de vos facrifices, Qu'il ait agrea-
ble vos vœux, Qu'il vous afsifte toufiours, & qu'il face reüf-
fir tous vos confeils à bonne fin. Ainfi foit-il.

SOLI DEO HONOR ET GLORIA.